产品经理面试实践

刘大大 著

U0274495

清华大学出版社

北京

内 容 简 介

本书主要帮助产品经理解决与面试相关的问题（针对有些问题也扩展介绍了产品经理需要具备的技能），包括产品经理面试前的准备、面试中的应对、面试后的复盘，以及常见的面试题。书中的面试技巧可以帮助应聘社招、校招类产品经理的求职者更容易找到满意的工作。

本书不仅适合产品经理阅读，也适合想从事产品经理职业的毕业生、想转行产品经理岗位的在职人士阅读。

图书在版编目（CIP）数据

产品经理面试实践 / 刘大大著. -- 北京：清华大
学出版社, 2024. 6. -- ISBN 978-7-302-66477-2

Ⅰ. F273.2

中国国家版本馆CIP数据核字第2024U6B786号

责任编辑：杜 杨
封面设计：郭 鹏
责任校对：徐俊伟
责任印制：曹婉颖

出版发行：清华大学出版社
    网   址：https://www.tup.com.cn，https://www.wqxuetang.com
    地   址：北京清华大学学研大厦A座   邮   编：100084
    社 总 机：010-83470000   邮   购：010-62786544
    投稿与读者服务：010-62776969，jsjjc@tup.tsinghua.edu.cn
    质 量 反 馈：010-62772015，zhiliang@tup.tsinghua.edu.cn
印 装 者：三河市君旺印务有限公司
经   销：全国新华书店
开   本：148mm×210mm   印   张：5.5   字   数：129千字
版   次：2024 年 6 月第 1 版   印   次：2024 年 6 月第 1 次印刷
定   价：45.00元

产品编号：098994-01

前　言

　　我从 2013 年开始做产品经理，在整个职业生涯期间，我被很多人面试过，后来也面试过很多人。因为在网上分享文章的缘故，从 2017 年开始，陆陆续续有想转行做产品经理的小伙伴，或者在产品经理面试过程中遇到问题的小伙伴来找我求助，我也成功帮助上千名小伙伴找到了产品经理的工作。

　　在辅导大家求职的过程中，我见识了太多产品经理面试中存在的问题。于是，我就把这些问题的解决方法，以及面试中容易被问到的题目陆陆续续分享在公众号上，收获了很多读者的点赞和收藏。但公众号的内容整体属于碎片化的思考，不成体系，无法给大家带来较大的帮助，于是我萌生了把自己这些年的辅导经验整理成书的想法，也就有了今天的这本书。

　　本书主要帮助产品经理解决与面试相关的问题（针对有些问题也扩展介绍了产品经理需要具备的技能），包括产品经理面试前的准备、面试中的应对、面试后的复盘，以及常见的面试题。书中的面试技巧可以帮助应聘社招、校招类产品经理的求职者更容易找到满意的工作。本书不仅适合产品经理阅读，也适合想从事产品经理职业的毕业生、想转行产品经理岗位的在职人士阅读。

如果你对产品经理面试还有疑问，可以联系我进一步沟通（微信号：chanpin628）。本书配套的大厂面试题资源，也可以联系我获取。

感谢家人在我写书期间给予生活上的帮助，也感谢这些年和我交流碰撞的产品经理求职者，与你们互动的过程让我获益良多。

最后，希望每个读者都能找到自己满意的工作，都有幸福美满的生活。

作者

第 1 章 产品经理前景

目录

第 4 章　产品经理面试后

第 **5** 章 | 产品经理常见面试题

第 **1** 章

产品经理前景

本章向读者介绍互联网行业的发展前景、产品经理的发展趋势和职业规划，以及产品经理的分类和薪资情况。

▶ 1.1 互联网行业的发展前景

从 2021 年开始，我们就看到了国家对互联网的一系列动作，其中包括反垄断、叫停蚂蚁财富的上市、审查滴滴、出台《个人信息保护法》，以及下架多款 App 等，很多人在疑惑互联网行业还能进入吗？

其实在我看来，对互联网行业的这些整治，有利于行业更健康地发展。国家出台的一系列政策也是为了防止互联网野蛮生长，让行业浮躁的心静下来，潜心打磨产品，提高精细化运营能力，为用户提供更好的服务。

虽然互联网现在的发展不如早期强势，已经进入红利的末尾期，但是我依然认为互联网行业值得普通家庭出身的孩子进入，原因有以下几点。

▷ 1.1.1 万物互联是未来的趋势

互联网并不是一个行业，它本质上是一场信息革命，是类似于工业革命的存在。它让各行各业的效率得以提高。古代没有通信吗？也有，不过古代的通信是飞鸽传书，而现在依靠微信就可以与远在大洋彼岸的人实时沟通交流；以前没有卖衣服的吗？也有，不过以前需要线下实体店，衣服从生产出来到消费者手上，会经过层层供应商，导致商家对消费者的需求变化感知不明显，而现在有了互联网和大数据，消费者不仅可以在网上更方便地买到满意的衣服，商家也可以通过大数据更好地感知消费者的需求变化。这样的例子不胜枚举，互联网的本质就是效率提升的工具，并不属于某个行业。医疗、电商、金融、教育等才算行业。互联网和这些行业的结合，只不过是重塑这些行业，让信息流、资金流更好地流通罢了。

　　而互联网的下一阶段是万物互联，这意味着到时候用户家中的门窗、电饭锅、洗浴设备等都可以连网，通过网络进行控制。再加上人工智能的发展，万物互联在不远的将来是可以预见的。

　　如果你的家庭背景是传统行业，没有资源、人脉积累，那最好从事互联网和金融行业。但要想在投资银行混得好，需要具有学历背景、人脉背景、家庭背景，以及超高的情商和智商，这不是一般人玩得转的，剩下的对于我们普通人来说，就只有互联网行业还算高薪。

▷ 1.1.2　互联网边际成本低

　　互联网边际成本比较低，但创造的价值巨大。传统行业卖茶杯，卖 1 个茶杯和卖 10 个茶杯，原材料的成本是成倍增加的。但对互联网来说就不一样了。就拿微信来说，1000 万人用微信和 1 亿人用微信，对于腾讯来说只不过需要增加点服务器的成本，成本并没有增加多少，但价值却增加了很多。再以广告这一变现模式来说，1000 万人看到某个广告和 1 亿人看到某个广告，广告费明显会增加很多。

在这一背景下，产品的开发设计人员哪怕创造一点微小的价值，也会被成倍地放大，为企业创造巨大的利润；哪怕有一点微小的失误，也会给企业带来巨大的损失。

因为这一因素，老板也愿意给互联网行业从业者高薪。

▷ 1.1.3　互联网行业，人本身是劳动力也是生产资料

传统行业买东西，需要有生产资料，而这些生产资料可能是机器之类的东西，那互联网行业的生产资料是什么呢？是人。就跟我输出的微信公众号的内容一样，我这个人本身就是生产资料，那针对互联网产品也是，产品、运营、开发人员就属于生产资料，而不仅仅是劳动力。传统行业这两部分是分开的，而互联网行业将这两部分合二为一，老板自然需要给从业者更高的薪水。

说了这么多，也并不意味着你进入互联网行业，就可以拿高薪。现在的互联网行业已经从增量时代进入存量时代，在存量时代，"蛋糕"很难做大，这个时候大家只有去抢对方的"蛋糕"，才能让自己活得更好。

同时，由于互联网属于技术性行业，你要抢对方"蛋糕"，靠的不是人多，而是单兵素质，于是各大厂开始抢人才，那么人才怎么判定呢？应届生的筛选一般比较直接，通过学历，直接招聘985、211学校毕业的学生，而且给的薪资也很高。而对于工作后的人来说，他们一般通过工作背景和教育背景来进行判断，所以，大家能去大厂刷资历尽量去大厂刷资历，但同时也不能忘记学习和实践。

▶ 1.2 产品经理的发展趋势

▷ 1.2.1　C 端产品饱和

随着互联网的快速发展，用户的各项需求似乎都已被满足，可以说 C 端市场已经从当初的蓝海，变成了如今的红海。这一时期，C 端产品的同质化比较严重，产品要想崛起，更多地需要资本的加持，需要团队有较强的运营能力，产品的重要性已经不如当初那么重要。（但也不可或缺，其实产品做到最后和运营殊途同归，产品总监更多地要参与产品运营，所以大家也不必悲观。）而且现在 C 端的市场基本上都被垄断在几个大厂手里，如果想做 C 端，可以选择去大厂，而且不要轻易跳槽，现在不是当初的野蛮生长时期，在市场供大于求的情况下，对行业经验更加看重。

如果想继续做 C 端产品，除了考虑去大厂之外，也可以考虑细分方向，比如商业产品经理、策略产品经理、数据产品经理等，因为大厂此类产品经理比较细分，如果还是做个只会画图的产品经理，在市场上很难有竞争力。

▷ 1.2.2　B 端产品崛起

C 端市场饱和以后，各个大厂的注意力也投向了 B 端市场。这除了 C 端市场饱和的外因，还有一定的内因：产业升级需要互联网为 B 端赋能。产业互联网发展到一个阶段之后，产生了更多的 B 端需求，迫切地需要 B 端产品提供更多的支撑。产业互联网分为两个方面：一方面是衣食住行类的生产企业，另一方面是制造企业。前者由于消费群体发生了重大转变，社会消费的主力军从"70后""80后"变成了"90后""00后"，企业需要借助线上的渠道去更好地做衣服的分销整合，去更好地聆听消费者的声音，去更好地捕捉用户真实的需求，这些需求也倒逼着互联网进行升级。而对于后者，一些制造企业在十几年前虽然经过一轮信息化的洗礼，但一些制造类的中小企业的管理专业度、信息化程度仍然不高。在新的竞争形势和经济环境下，它们对精细化管理、科学管理的诉求在不断增强，这就要求企业必须通过互联网产品、借助计算机的力量来实现管理升级，提升企业产能。

这些外因和内因集中在一起，让 B 端产品迎来爆发，我们需要更多的科学工具和数字化决策工具，B 端产品承载了很大一部分中小企业主的期望。B 端的业务其实和很多传统公司的业务深度绑定，有些只是传统公司的数字化升级而已，如果想看其行业是否有发展，可以看看传统公司的业务是否具有可持续性。

▶ 1.3 产品经理的职业规划

通过了解产品经理的职业发展路径，可以知道产品经理的职业天花板在哪里。

▷ 1.3.1 产品助理 / 产品专员

产品助理 / 产品专员的经验一般是 0 ～ 2 年。

这个阶段主要负责执行工作，在领导的带领下，完成某个模块的设计工作，并和上下游合作，推动产品按时上线。

虽然公司对产品专员的定位是负责执行领导的需求，但产品专员不能只把自己当作一个执行者的角色，按照领导的指示按部就班地写文档、画原型，这样的成长很缓慢，如果想进步得快一些，可以思考如何实现上级的期望，以及探索和思考上级是如何思考的，而不仅仅是"被管理"，这样同理心的培养也会在一定程度上促进自己的进步和向更高的水平进阶。

▷ 1.3.2 产品经理

产品经理的经验一般是 2～5 年。

这个时候的产品经理一般来说至少参与过一个产品的生命周期，可以独立负责一条产品线。同时，这个时候的产品经理也不单单是一个执行者的角色，他需要有自己的思考，对于用户的认知需要更加深刻，并且能够结合数据、业务层面考虑用户体验和合理的商业化方案，而不是简简单单地去执行上级的任务，同时要为结果负责。

此外，产品经理需要有更强的协调能力。做一个模块项目的时候，协调能力还不需要多强，一般都是做好需求以后，找对应的开发沟通，评审通过之后就上线。比如我在做产品助理的时候，做的是支付模块，设计好以后，找对应的开发完成评审，开发可能也就固定那一两个人，所以没有太大的沟通障碍。但是如果你负责一条产品线，这个时候就需要有较强的跨部门协调能力。比如我在之后做的是消费贷项目，不仅需要协调内部各个部门（比如后台部门、支付部门、业务部门），甚至还需要和外部部门打交道，因为别人提供资金和风控。要和这么多部门打交道，对产品经理的沟通协调能力要求更高。

产品经理要清楚地知道其他职能的人在做什么，以及他们能够为产品做什么，并与其他职能部门协作沟通、达成一致，推动产品按时上线。

▷ 1.3.3　高级产品经理

高级产品经理的经验一般是 5～7 年。

高级产品经理负责的是整个产品构架的搭建，能力上要求有产品的大局观，并且对个人的数据分析能力、统筹规划能力、项目协调能力要求都比较高。

初级产品经理不关注商业化，当然很多时候也没有机会关注产品的商业化，但高级产品经理很多时候都需要在用户需求与商业化之间做平衡。高级产品经理需要从商业逻辑的层面去思考产品的需求和实现，并且合理地分配协调和管理资源（静态资源和动态资源）以达成这些事情。从产品生命周期的角度切入，思考产品现阶段要做的事情和产品未来会以何种路径发展，并且确保在一定的轨迹上以一定合理的方法让正确的事情发生。

▷ 1.3.4　产品总监

产品总监的经验一般是 7～12 年，这个时候他不仅要在战略层面对商业价值有所规划和判断，还要参与公司相关战略决策，管理产品和团队的发展。

产品总监就是一个产品的核心管家，所以对意志力和执行力也有相当高的要求。他需要根据公司战略制定产品的整体策略以及短、中、长期规划，并参与整个产品的生命周期，及时调整产品策略和制订产品改进方案，并且对公司所处的市场环境有一定的认知和把控，在公司整体层面和管理角度输入正确的价值观和产品理念。

团队管理可能需要做以下事情：①负责制定部门 KPI，让每个成员都有可实现的目标，激发其工作积极性；②团队默契度建设；③团队人员增减升降管理。

产品总监需要有主人翁的心态，深刻理解通过各种层面（包括市场、业务、数据、技能、人员管理与协调等）最终做出一款成功的产品。

▷ 1.3.5　事业部负责人

事业部负责人的经验一般在 12 年以上。

事业部负责人需要懂运营和渠道、财务和管理，对事业部的业绩负责。这个职位需要具备资源整合能力、管理能力以及对商业的精准判断。当然，说每个人都能达到这个层次也不现实，除了天赋、机遇、运气之外，还要有愿力和魄力，才能成长为事业部负责人。

位置越高，责任越大，对相应的能力要求也就越高。而且不仅仅涉及专业能力，还包括心理承受能力、体力和脑力等。当然，还有一部分人会直接去创业，其要求和成为事业部负责人的要求也差不多。

▶1.4 产品经理的分类

　　互联网发展到下半场，行业不断地被细分，产品经理的工作内容也被分得越来越细，这样既降低了公司的风险，也提高了效率，毕竟每个人都被细化成了一个螺丝钉，人的可替代性变得更强，同时由于负责的内容变少，专业能力的要求也变得更高。于是产品经理的分类变得越来越细。产品经理主要有以下几种类型。

▷1.4.1　按工作内容分

1. 用户产品经理

　　其实如果按照服务的用户来划分的话，这就属于 C 端的产品经理，这种产品更强调用户体验，是一个为用户创造价值的岗位，从招聘简历我们能看出来，有交互、UI 设计和用户研究等相关工作经验的人更容易往这方面转。具体要求如右图所示。

职位详情
岗位职责
负责享换机用户端产品的设计，包括
–App、H5、小程序
–商品的展现和推荐
–个人中心及账号体系
–下单流程及订单生命周期
通过对前端产品及租机服务本身的优化，提升用户在服务使用前、使用中及使用后的体验
管理项目进度，达成敏捷、高效、可控的目标
任职要求
统招本科及以上学历，5年以上C端互联网产品经验
对交互/UI设计高度敏感
具有强大的自驱力
加分项
有知名C端产品经验
电子产品爱好者

用户产品经理招聘 JD

2. 商业产品经理

　　如果说用户产品经理更多强调的是给用户创造价值，那商业产品经理更多的是想着如何把流量变现。以抖音为例，用户产品经理想的是如何给用户推荐他想看的视频，那商业产品经理想的就是通过哪些手段可以将这些流量变现，如何在变现的时候，把对用户的伤害降到最低。这类产品经理一般需要对商业模式比较熟悉。具体要求如右图所示。

3. 数据产品经理

数据产品经理就是专注于数据的产品经理，通过数据优化产品的设计和为企业领导提供决策。数据产品经理需要懂得数据埋点、数据可视化、数据分析方法、用户行为分析、A/B 测试等，最好还会使用 SQL 语言来提取数据。随着大数据时代的来临，数据的价值越来越重要，这类产品经理有研发和数据分析背景的人更好转。具体要求如右图所示。

4. 策略产品经理

策略产品经理更多的是梳理业务流程，进行产品线规划

职位详情

职位描述

1、负责抖音商业化增值产品，为增值业务的营收负责；

2、负责优化用户充值付费流程，根据业务场景制定付费模式，提高付费转化；

3、创新增值营销活动方式，为收入增长寻找新的动力；

4、能够有效地跟进项目流程，把控项目进度，保证项目推进结果。

职位要求：

1、本科以上学历，1~3年增值、广告相关工作经验；

2、有良好的表达能力、沟通能力和独立完成项目的能力，自驱性强；

3、具备优秀的产品设计能力和数据分析能力；

4、熟悉短视频和电商相关商业模式优先。

商业产品经理招聘 JD

职位描述

1、负责字节跳动企业级数据系统底层/应用层/分析层的数据服务，为产品方向、增长策略提供数据支持；

2、根据业务需求对用户行为分析系统/AB试验后台等数据产品优化，提高公司各产品线的数据分析效率；

3、参与到整个需求调研、产品设计、文档编纂、开发跟进、功能测试、用户反馈、迭代优化环节；

4、服务对象除公司内部以外，还包括为外部合作公司提供商业产品级服务。

职位要求：

1、本科及以上学历，工作经验1~3年，有研发和数据分析背景，能够使用SQL语言等数据提取工具；

2、参与数据体系或数据产品的搭建，有较好的需求抽象能力和产品设计能力；

3、对数据敏感，对数据问题定位和数据可视化有自己的认识；

4、执行力强，做事积极主动，能够独立思考与归纳总结；

5、优秀的组织协调，推进执行能力。

数据产品经理招聘 JD

和设计，一般和公司战略和业务方向关联比较大。每个业务公司要求产品经理做的策略不太一样，比如抖音这种信息流的策略产品经理，更注重推荐算法的优化，机器的筛选只会迎合人的喜好，需要策略产品经理去权衡好用户喜好和用户价值之间的关系，这类产

品经理一般不参与具体的产品功能细节的设计。具体要求如右图所示。

5. 产品运营

随着垂直行业的互联网巨头纷纷上市，预示着互联网进入了后半程。后半程更需要精耕细作，所以运营的岗位更加重要。产品运营需要既懂产品（设计营销系统、运营系统等），又懂运营的工作（进行用户运营、活动运营等），而且能衔接好产品和运营，这类产品经理在以运营为导向的公司会比较吃香，而且在市场上应该也会逐渐受到重视，有运营经验的人适合往这方面转。具体要求如右图所示。

职位详情

物流产品部–策略产品经理

1. 基于对业务流程的梳理，负责饿了么即时配送策略产品体系的规划和设计；

2. 聚焦即时配送领域日间和日内的运力规划，以及实时履约策略，实现业务价值；

3. 分析配送产品的核心数据，对数据敏感并具备深度分析的能力，需要深入理解业务，具备前瞻性；

4. 通过大量用户、商家、骑手和地理数据分析，挖掘业务场景和发现当前问题，实现对配送订单的有效分配和推荐，持续优化重点指标。

岗位要求：

1. 本科以上学历，1~3年产品工作经验，有电商或物流产品工作经验者优先；

2. 数据敏感性强，对算法有一定的了解，善于全面考虑产品逻辑，保证产品的全面性和通用性；

3. 熟悉 O2O 行业，对产品运营及团队工作有足够的了解

策略产品经理招聘 JD

职位详情

职位描述：

A.主导新零售频道检索和rank运营，负责流量分配逻辑及产出，站内及频道内SEO

B.对现有商户进行分析及分层

C.配合业务及营销项目，进行产品运营动作的配合协同

D.对新零售频道，用户进店转化效果负责

岗位要求：

a有零售运营经验优先

b工作城市上海普陀区

c资深及以上级别

d需要至少1年的产品运营或平台流量运营经验

产品运营招聘 JD

▷ **1.4.2　按服务的用户分**

1. C 端产品经理

C 端产品经理更多服务 C 端用户，更加注重用户体验，需要挖掘用户需求，定义用户价值，并准确地推动项目达成这一目标。C 端产品经理需要有很好的用户嗅觉，能准确提炼用户真实需求，为产品的市场化方向和用户利益寻求到一个平衡点。

2. B 端产品经理

B 端产品经理更多服务企业用户。比如企业不想自己开发财务系统，感觉自己的专业度不够，就可以找市场上成熟的软件服务商，这些公司的产品经理就是 B 端产品经理。B 端产品经理需要对公司和行业的业务了解得非常深刻。如果说 C 端产品经理更注重用户需求的把控和用户体验，那么 B 端产品经理更注重业务流程的梳理和逻辑。

▷ 1.4.3　按前后端分

1. 前端产品经理

主要设计用户能够操作的界面，注重用户体验和用户需求的挖掘，比如淘宝 App 的产品经理。

2. 后端产品经理

和前端的产品工作进行关联，主要是服务于自己企业的运营和业务人员，也叫作后台产品经理，比如淘宝后台的产品经理可能就负责订单中心、CMS 中心、商品中心等后端产品设计。

▷ 1.4.4　按行业分

1. 社交产品经理

社交产品是满足人类的情感需求，主要是建立人与人之间的关系，基本包含用户之间的关系链和用户之间的行为。需要任职的产品经理更加了解人性，对不同人群的内心有深刻的洞察，这样设计出来的产品才能满足人群的需求。

2. 电商产品经理

电商产品经理更多的是将人和商品 / 服务之间建立连接，需要产品经理具有清晰的逻辑思维，善于将功能模块化，能够梳理复杂的决策流程，知道影响用户购物的关键因素。

3. 金融产品经理

互联网金融本质还是金融，需要产品经理了解底层的金融资产，了解用户的投资心理，而不止是了解表面的购买、支付流程。

4. 内容产品经理

比如今日头条的产品经理，此类产品是为了建立人与信息之间的链接，需要关注内容的生产、内容筛选、内容展示。产品设计上要激励用户生产内容，同时需要通过算法精准地推荐用户喜欢的内容，增强用户黏性和内容的打开率。

5. 工具产品经理

比如美图秀秀就属于工具型产品，这类产品的用户往往具有很强的目的性，但是如何进行留存和商业化变现，也是产品经理需要考虑的问题。

有的时候一个产品往往不仅具有一种属性，尤其是平台型产品，比如微信（微信里面有电商、公众号、扫一扫、看一看等）、淘宝（淘宝有直播、旺旺等）等，像这种超级平台，可能需要不同的产品经理来负责其中的一个模块。

▷ 1.4.5　按设备分

我之前工作的一家公司就按照负责的设备不同，分了好几个类型的产品经理，有专门负责 PC 端的，有专门负责移动端的，有专门负责 H5 端的，我们一个个来看。

1. PC 端产品经理

要知道 PC 端和移动端交互方式的区别，哪些能实现，哪些不能实现。比如移动端可以获取定位，PC 端获取不到；移动端需要考虑适配问题，PC 端需要考虑浏览器的兼容问题等。

2. 移动端产品经理

移动端分为 iOS 端和安卓端，移动端产品经理要知道两个系统之间的交互区别以及设计规范。

3. H5 端产品经理

知道 H5 技术的局限性，哪些 H5 端能实现，哪些 H5 端实现不了只有 App 才能实现。比如微信的上传图片，iOS 端可以限制上传图片数最多为 9 张，H5 端不好做限制。

▶ 1.5 什么样的人适合做产品经理

这里给大家介绍一个概念，那就是冰山模型。冰山模型将人员个体素质的不同表现形式划分为表面的"冰山以上部分"和深藏的"冰山以下部分"。

"冰山以上部分"包括基本知识、基本技能，是外在表现；决定自身综合素质的是"冰山以下部分"，即价值观、自我认知、品质、动机。

"冰山以上部分"比较容易通过培训来改变和发展，"冰山以下部分"不太容易受到外界的影响，但却对人的行为与表现起着关键性的作用。

冰出模型最底层"动机"的形成一般认为只和基因及童年因

素有关，几乎无法改变。麦克利兰及其弟子丹尼尔·格尔曼认为人类的动机分为三种：成就（Achievement）动机、亲和（Affiliation）动机、影响力（Power）动机。为了方便读者理解，我以打篮球为例。高成就动机的人会觉得这场篮球赛我一定要赢，不赢我就不开心；而亲和动机强的人会认为输赢无所谓，过程开心最重要；影响力动机强的人，如果朋友打篮球没有叫他，他会感到非常不爽。

那么什么样性格或者什么样价值观的人才适合做产品经理呢？一个成功的产品经理需要是一个高成就动机、低亲和动机、高影响力动机的人。大家普遍认为产品经理这个职业有前途，是 CEO 的学前班，产品经理也确实是一个门槛低、上限高的职业，所以做产品经理的人，普遍有较高的成就动机；同时产品经理不能太懦弱，如果太懦弱，必然会人云亦云，被强势的开发带着跑偏，无法坚持正确的意见，故需要低亲和动机；产品经理还需要高影响力动机，产品经理并没有权力命令别人去做某事，需要发挥自身的影响力去影响团队中的每一位成员，好让产品尽快上线。

作为一个高成就动机、低亲和动机、高影响力动机性格的人，固然适合做产品经理，但是一个好的产品经理需要有拿得出手的产品。想成为优秀的产品经理，首先是能力强，其次才是性格加成。

▶ 1.6 互联网产品经理的薪资

薪资多少，最大的影响因素是产品经理的工作经验，其次是所在的城市，最后是公司规模大小。

▷ 1.6.1　工作年限

1. 产品助理 / 产品专员

这一岗位的从业者经验一般是 0 ～ 2 年，月薪一般在 8000 ～ 15000 元，主要负责产品的某些功能模块。以互联网金融举例，产品专员可能做收银模块相关工作，负责这一模块的产品迭代，以及日常和开发人员沟通交流，推进项目顺利实施落地，同时产品上线后收集数据进行分析，更多是以执行工作为主。

2. 产品经理

产品经理的从业者经验一般在 3 ～ 5 年，月薪在 15000 ～ 20000 元，主要负责某条具体产品线的工作。还是以互联网金融举例，比如负责贷后催收系统相关产品工作，负责这一产品线的设计迭代，这个时候的产品经理不需要像产品助理那样，还需要别人辅助，而是需要能自己独立完成。

3. 高级产品经理

高级产品经理从业者经验一般在 5 年以上，月薪在 2 万～ 3 万元，具体薪酬看工作年限和岗位契合度。高级产品经理可能需要负责多条产品线的工作，比如贷后、风控、产品系统可能都需要他负责；如果公司有新的业务，比如要开辟海外业务，那整个系统的设计实施工作可能也需要高级产品经理去推动落地；再比如公司要优化现有系统，实施中台战略，那整个中台战略的构建和实施，也都需要高级产品经理去推动落实。总之，高级产品经理要么作为公司的攻坚拳头，要么负责公司的主要业务实施，在其他人能力不足的情况下，高级产品经理必须顶上去。

4. 产品总监

产品总监的从业者经验一般在 7 年以上，月薪在 3 万元以上。产品总监更多的是对团队进行管理，以及从战略层面把控产品的发展方向，主动寻找和协调资源，帮助产品发展得更好。我接触到的产品总监，一般是从两个方向做上去的：一个是在公司很小的时候，就跟随公司，在公司发展壮大的过程中，自己作为元老，坐上管理层的位置；还有一个是从大公司离职后，主动应聘中小型公司的产品总监，然后也成功了。做到产品总监的位置，一般不仅有基本薪资，如果公司上市了，还会有一些股票期权方面的收益。

上述只是大概情况，每个公司业务不一样，管理方式也有所不同，具体情况可能稍有不同，但大体都差不多。

▷ 1.6.2 城市

影响产品经理薪资的第二个因素就是所处城市了，因为城市有很多，这里只以北上广深杭举例。首先，北京给的薪资在互联网行业里面属于最高的了，我看到一些大厂，普通的产品经理月薪也都能达到 3 万元左右。相同的工作年限，比上海可能高 1000 ～ 2000元。其次就是上海和深圳，这两个城市给出的薪资水平差不多，如果非要比较的话，上海比深圳高一些，但也高不了多少。杭州的互联网行业薪资比广州稍微高一些。

▷ 1.6.3 公司大小

一般来说，公司越大，发展得越好、越正规，薪酬越高。更重要的是大公司一般都有 4 个月的年终奖（绩效考核达到平均值就可以拿到 4 个月的年终奖），如果表现得好，6 ～ 12 个月的年终奖也是有可能的。相对来说，小公司在这一块就很不正规了，好点的给你 2 个月，不好的可能 1 个月都没有。此外，大公司还会有各种补贴，餐补、交通补贴、住房补贴等，这也都是隐形福利。

当然，影响产品经理薪资的还有其他因素，比如求职者和岗位的契合度，一般来说契合度越高，薪资也越高。面试表现得越好，也越容易得到更高的薪资，以上介绍的是一些主要因素。打铁还需自身硬，想要高的薪资，就要不断提升自己的能力。

第 **2** 章

产品经理面试前

简历不需要太花哨，信息表达清楚即可。很多人不懂设计，还为了好看，把简历搞得花花绿绿的，反而影响观感。如果自己不懂设计，建议去找一些在线模板，然后在上面修改就好了。这里推荐一些常用的在线简历制作网站（扫码查看），大家可以根据自己的需要进行选择。

▶ 2.1 简历关键信息

简历需要展示的信息有以下几方面。

▷ 2.1.1 基本信息

一定要写的信息：姓名、电话、邮箱、年龄（如果年轻，可以写；如果年纪太大，超过 35 岁，建议不写，除非是应聘管理岗）。

可有可无的信息：性别、婚育情况（如果女生已婚未育，这一条可以不写，在面试中被问到了，可以说自己丁克或者最近一两年不打算要孩子；如果是未婚女性，建议这一条直接写单身，哪怕你已经有男朋友了）、照片（如果照片好看的话可以放上去，如果照片是自拍的大头照，建议不要放，这样显得不专业）、求职岗位（如果是求职产品总监或者高级产品经理等明确岗位的，可以写，如果不是明确岗位，可以不写）、期望薪资（如果是低于 ×× 薪资不去，那可以写上，如果有商量的余地，建议写面议，也可以不写）、求职城市（如果有明确的求职城市意向，可以加上这一条，省得其他城市的猎头或者 HR 看到你的信息主动联系你；如果没有明确的城市意向，可以不写）。

▷ **2.1.2　自我评价**

建议自我评价写一些有数据支持的有用信息，而不是一些假大空的话，例如：

我有 ×× 年电商产品经理工作经验。

我负责哪些项目，给公司业绩带来了 ×× 增长。

曾从 0 到 1 地搭建过 ×× 系统，熟悉产品从 0 到 1 的开发流程。

我会 ××、×× 软件。

······

总之，就是根据求职公司的招聘要求，通过一些实际案例，来佐证自己有相关方面的经验和能力。

▷ **2.1.3　工作经历**

工作经历会有工作职责，建议工作职责尽量往招聘要求的职责上面靠，比如对方要求求职者有较强的项目管理能力，那你可以在职责中写"项目管理：我负责 ×× 项目，每次需求评审后会召开项目排期会议，然后每个工作日会进行站立会议把控项目进度，同时，会在每个项目的里程碑及时验收，发现问题，解决问题"。而不是简简单单的"进行项目管理"，只有具体的细节才会让人信服。

▷ **2.1.4　项目经历**

可以从以下 4 个方面来介绍自己的项目经历。

（1）项目背景：你为什么要做这样一个项目？你做这样一个项目想达到什么目标？在什么背景下公司要实行这个项目？

（2）项目方案：大致地介绍一下项目的业务流程和功能模块，方便的话可以带着自己画的流程图和产品结构图给面试官看，一图胜千言，可以弥补你很多表达上的不足。

（3）项目职责：尽量不要说那种大而宽泛的东西，比如竞品分析等，即使你真的做了竞品分析，也要填充一些细节进去，这样才显得真实。比如"找了××产品、××产品、××产品做竞品分析"，这样给人的感觉才是你真的做了。

（4）项目业绩：你的产品上线后，给公司带来了哪些价值，最好能量化指标。如果是做后端的，那前端的产品业绩也有你的一份功劳在里面；如果做的是 B 端产品，可以说一下用户的满意度提升、续费率提高、市场占有率提高等。

很多人可能说，我做的都是产品迭代，没有大的项目，怎么介绍呀？

这种情况下，迭代的其实也算项目，但也要注意，迭代的功能也不能太小，不要把增加某个按钮、修复某个 bug 作为一个项目来介绍。这些功能太小了，体现不出你的产品思维和能力。

▷ 2.1.5　教育背景及证书

写上毕业院校和所学专业（如果专业是工业设计、计算机等和互联网相关的专业可以写，如果不相关，也可以不写，直接写学历信息就好，比如本科）。

当然，如果毕业院校比较好，是 985、211 名校，或者世界百强名校，也可以把这一栏目的信息放到"自我评价"上面，这样更容易获得面试官的青睐。

关于简历篇幅问题，很多人执着于一页纸，其实没必要，如果你是名校毕业，有一线大厂工作经历，那一页纸确实够用了，因为这些亮点就足以让公司给你一个面试机会。但如果你只是普通院校毕业，工作经历也没有亮点，还是以展示自己相关的工作技能和项目经验为主，没必要为了一页纸而精简。当然，简历篇幅也不能太长，若超过 3 页，面试官反而抓不住重点，还不如把自己与岗位要求相匹配的点放上去，并对一些关键词加粗展示，这样更容易得到面试官的青睐。

▶ 2.2 简历撰写实例

▷ 2.2.1 招聘详情

查看前程无忧和智联招聘中的产品助理 / 产品专员的招聘信息，我总结出以下几点共性要求。通过对招聘岗位的分析来明确产品助理 / 产品专员需要什么样的能力，应该具备什么样的技能，可以帮助我们有针对性地完善简历信息。

（1）协助产品经理完成一些事情。产品专员和助理更多的是一个执行者的角色，主要是帮助产品经理画画原型、写写文档、跑跑腿。

（2）Axure、Visio 等软件的熟练使用。产品经理需要写代码、画原型，产品经理招聘产品助理的时候对这一块还是比较看重。

（3）沟通与协调能力。产品经理需要经常和各个部门的人沟通，所以在招聘的时候如果你能表现出这方面能力还是比较有竞争力的。

（4）逻辑能力。因为产品经理是一个需要具备严谨的逻辑能力的岗位，所以面试的时候可能会对你的逻辑能力进行考察。

（5）数据分析能力。数据分析是发现产品需求的一个来源，同时数据也是评价你产品设计好坏、做的活动效果如何的一个指标。所以需要有一些数据分析能力，当然新人不一定有这方面的能力，但是有潜质、能培养还是产品经理比较看中的。

▷ 2.2.2　撰写简历

根据招聘的要求，可以从基本信息、工作经验、项目经验、教育经历、软件技能、培训经历这几项入手。

1. 基本信息

这部分不多作说明，将基本信息写上即可。手机号最好以3-4-4的格式进行展示，证明你有用户体验的意识。

已婚或未婚写清楚，因为对于刚结婚想要生孩子的女性，公司会考虑产假。有工作经验的一定要写明有多久，应届毕业生的实习经历也算工作经验。

2. 工作经验

对于应届生和想转行产品岗的人员来说，没有相关工作经验确实是一个比较头疼的问题。我的建议就是可以找一个比较知名的互联网产品写一下产品分析报告，照葫芦画瓢画出它们的产品原型。下面给出一份示例：

自己分析过的产品经验

工作职责：

（1）分析滴滴打车 App 的设计思路，产品的框架设计；

（2）分析用户使用场景与用户需求；

（3）参照实际产品设计低保真原型图。

对于第一点，可以上网查看有关滴滴打车的分析文章，提高自己对产品的分析能力；第二点则强调产品经理的换位思考能力，站在用户的角度去做产品；第三点则说明你的 Axure 的使用能力。

首先，你要确保这份产品分析报告是你自己写的，不然你在网上随便找一篇，别人问你，你也说不出所以然来。其次，因为你没有工作经验，别人问你的时候不要一直说，要引导他看你的产品分析报告和你画的原型。

3. 项目经验

项目经验是工作经验的细化。需要说明两点内容：①在该项目中的职责；②项目介绍，包括该产品主要解决用户的什么问题；使用的用户是哪些，有什么特征；该产品分为哪几个部分；功能模块有哪些，视觉表现上怎么样。如果没有工作经验，可以分析市面上一两款知名产品。在项目经验中不需要把所有的产品分析报告内容都写上去，毕竟没人愿意花时间在你的简历里面看你写的一大段产品分析报告，产品分析报告可以带在 U 盘里面，需要的时候给面试人看。下面给出示例：

2021/09/18—2021/09/28 滴滴打车产品研究

项目介绍：

滴滴打车是一款属于移动互联网 O2O 范畴的 App，基于用户与司机之间的 GPS 定位来解决打车问题，提高打车效率和私人轿车的利用率。滴滴打车 App 主要模块有：GPS 定位，微信支付，行程记录，我的钱包，个人信息，积分商城，推荐有奖等。

项目职责：

（1）用思维导图软件分析产品功能模块，分析产品细节；

（2）使用 Visio 绘制产品流程图，熟悉产品业务流程；

（3）使用 Axure 绘制产品原型图。

导图分析也是一项重要技能，可以去 Process On 网页，搜索导图的产品思维方式是怎样的，有助于提高思维能力。

4. 教育经历

你要是有 985、211 院校学习的经历，一定要写上；专业与设计、信息管理等互联网行业有关也要写上；没有好的学校背景就写自己在学生会的工作经历和社会实习经历。

5. 软件技能

如果掌握一些设计、编程的相关技能，将会为你加分。每个公司的要求不一样，有的要求会一点 PS，有的要求会写前端代码，有的要求会后端编程。

6. 培训经历

如果有和求职岗位相关的培训经历也都写上，这会为你加分。不相关的培训经历就不要写了，写上去难免会让人觉得你目标不坚定，不够专注。

▶ 2.3 简历误区

1. 形式大于内容

应届毕业生和刚参加工作不久的小伙伴容易出现这样的问题：花费大量的精力在简历的样式上面，但是却对简历呈现的内容关注度较少，造成了本末倒置的现象。面试官看重的是你的工作经历和岗位匹不匹配，不是看你的设计如何，你应聘的是产品经理，简历太过花哨，容易抢夺面试官的视觉焦点，反而发现不了内容的闪光点。那是不是就不注意排版样式了呢？显然不是，你只需要保证该对齐的对齐，该分段的分段，行间距、字间距让人看着舒服就好了，排版干净、整齐、大方就达到要求了。

2. 篇幅过长

简历篇幅在 2 页左右最佳，HR 一天要看上百份简历，每份简历最多 1 分钟，你只需要在简历里面突出与招聘要求相符的信息即可。有精力的小伙伴可以针对自己重点想去的公司定制简历。

在内容分配上要讲究二八原则，即 20% 的个人信息和 80% 的工作经历信息。但是注意这里要求是精简，不是简单，精简意味着你写的内容是 HR 想看的，简历匹配度比较高。比如招聘信息中要求最好有电商从业经验，那就把你做过的电商项目写上，其他的一些次要信息则可以一笔带过。

3. 文案冗长

文案能力是产品经理必备能力之一，因为产品经理需要写文档，好的文案必须遵循以下原则：语言简练、逻辑清晰、充满诱惑。比如有的同学简历中的项目职责是这样描述的：

项目职责：对项目进行产品规划、提炼需求，根据竞品分析、市场调研来对功能进行优先级划分，设计并撰写产品需求文档，确认产品开发周期，并跟踪和推动项目进度。协助运营部门做产品推广，根据市场及用户反馈对产品功能进行改进，对用户体验进行不断的优化。

上面的描述存在两个问题：第一，没有分段，导致别人抓不住信息点；第二，语言不够简练。优化后如下：

（1）对××项目进行产品规划，画出产品路线图。

（2）进行需求分析，并划分优先级。

（3）输出原型文档，组织相关方进行评审。

（4）确认开发周期，跟踪项目进度。

（5）协助运营部门进行产品推广，收集数据，不断迭代，优化用户体验。

优化后的内容更清晰，而且看起来做的事情也更多。该分段的时候要分段，尽量用短句，每个短句包含 1 ～ 2 个信息。

4. 缺少数据

很多人介绍项目成果的时候，不用数据说话，就写产品成功上线，上线后的效果、增加的用户数、带来的转化率提升等，都没有写。没有数据的描述会让面试官觉得你没有数据思维，在大数据时代，这样的产品经理是不合格的。其次，面试官会对项目的真实性产生怀疑。

▶ 2.4 投递简历最佳时间

简历写得好固然重要，但如果投递的时间不合适，很容易被忽略。无法出现在 HR 的视野里，自然也就没有面试机会。那什么时间投递简历比较好呢？

简历的最佳投递时间一般是周二到周四的 9:30—11:00 和 13:00—15:30。

首先来分析一周的时间。周一是一周的开始，HR 一般很忙碌，既要总结上一周的工作，也要安排本周的工作计划，基本上是上午在开会，下午在消化，没有多少时间去顾及招聘的工作。周五 HR 一般要做一周的总结，或者处理一些遗留的事务性工作，同时因为快到周末了，HR 的心思也不在工作上。一般来说，周五收到的求职简历，HR 都不太关注，通常会积压到下周一才开始处理。外加周六、周日还会有求职者发送求职邮件，你早期发送的求职邮件很容易被其他邮件覆盖，导致 HR 注意不到你的求职信息。周六、周日 HR 一般都在休息，不看求职邮件，所以周六、周日也不是一个很好的投递时间。

因此，最好的投递时间一般是周二到周四。而且最好挑 HR 上班的时间投递，也就是 9:30—11:00 和 13:30—15:30。超过上午 11 点之后，大家的心思都不在工作上面了，都开始想中午吃什么了。而 15:30 之后，HR 也会开始处理一下其他事务性工作，等待下班了。

上述只是投递简历的一些小技巧，最终能否被邀约，还看求职者的简历内容和岗位的匹配程度，匹配度越高，被邀约的概率也就越大。

▶ 2.5 社招 / 校招产品经理准备重点

1. 社招产品经理

（1）行业。去面试之前，求职者要了解应聘公司所在的行业，要知道该行业的现状怎样，未来发展趋势如何，国家有什么样的政策，行业的痛点是什么等。

（2）应聘公司的产品。向 HR 问清楚他们招人的具体要求，公司的产品是什么，如果是 C 端产品，可以下载下来体验一下，查看 App Store 上的用户评价，并且试用一下竞品，找出产品的优缺点。面试的时候，如果都没用过该公司的产品，别人会质疑你求职的诚意。

（3）自己做过的项目。面试官肯定会让你介绍一下自己做过的项目，这时最好把自己做过的项目带过去，当面给面试官演示一下，这不仅可以证明你做过，而且如果你项目干净整洁、逻辑严谨，无形中会获得很大好感。项目中有一块是项目业绩，最好用数据说话，并且这些数据一定要能说清楚，否则被面试官追问之后，你说不出所以然，容易被人质疑项目是否是你做的。还有你的项目为什么做、怎么做的。我面试过很多人，发现大部分人介绍项目的时候，就只说自己做了什么，完全不说自己为什么做、怎么做的，相比于前者，后者才是面试官想知道的，毕竟产品经理要保持方向的正确，如果方向都不正确，做得再多，也是在错误的道路上狂奔。

（4）对求职公司的了解。求职者可以去企查查上看一下该企业的融资情况，是否为初创公司，创始团队的履历如何，如果对方不是自己心仪的公司，也可以不去面试。

（5）一些常见的面试题准备。有些面试题是一定会被问到的，比如自我介绍、项目介绍、离职原因等。这些一定要提前准备，准备好以后，可以在镜子前反复模拟，做到表述自然流畅。此外，对于自己面试回答不好的问题，回去后一定要反思整理，如果下次再遇到就有准备了。

2. 校招产品经理

校招产品经理更多地看重应聘者的潜力，比如逻辑能力、沟通能力等。如果你有实习经验更是大大的加分项，如果没有实习经验，哪怕你做过模拟的项目也会加很多分。这个模拟的项目包含用户调研、竞品分析、架构图、流程图、原型、PRD 等，你做得可能没那么好，但相比于那些什么都不会的应届生，你至少有一定的基础，公司也更愿意招有基础的人。上述社招中对行业、应聘公司的产品、求职公司的了解等都是通用的。

▶ 2.6 面试前心态调整

接下来说一下面试的心态问题，有好的心态就成功了一半。

1. 紧张

很多求职者会紧张，其实完全没有必要，即使面试没有通过又有什么关系呢。其实克服紧张的唯一方式就是不断地重复，面试得多了你自然就不紧张了。

2. 双向选择

很多人面试的时候把自己放得很低，觉得自己就是被挑选的那一个，担心对方会不要自己。其实面试和相亲一样，是一个互相考量的过程，公司在考察你合不合适的时候，你也要考察公司是否符合你的职业规划，领导和公司的业务你是否喜欢，自己能否在公司实现自己的价值。

3. 把面试当作学习机会

面试不论成功或是失败都是一个学习的机会，尤其是面试中觉得自己回答不好的时候，可以向面试官发问，如果面试官指出你的问题，下次遇到同样的问题，你就可以回答得更好了。我曾经有个面试，面试官问我拿到 offer 没，我说我已经有两个 offer 了，然后面试官问："那你还面试干吗？"我说："我觉得面试是一个学习的过程，我感觉在和面试官交流的过程中，可以让我对市场上的公司有了解，对行业的发展情况有了解，同时和面试官的交流也会让我学习到很多。"接着面试官向我投来钦佩的目光，最终那家公司也要我了。我后来分析了下，其实有两点让他要我：一是已经有公司要我了，说明我是有价值的人；二是我说的话让他感到钦佩，起到了加分作用。

▶ 2.7 这些公司没必要去面试

有些公司如果不是抱着练手的心态，我们完全没有必要去面试，因为面试这样的公司本身就是一种时间的浪费。

1. 外包公司

不论是在多大的公司做外包，你还是一个外包，转正的机会不能说没有，只能说比较渺茫。而且外包员工享受不到公司的各种福利，也无法深度参与公司的项目，公司的一些核心功能模块可能也不让外包参与。此外，裁员时第一个裁的就是外包员工。

2. 融资没过 A 轮的创业公司

在科技没有取得突破之前，全球的经济都在进行着存量竞争，所以这两年尽量去大公司，在一些创业公司待着可能不是很稳当。

当然，一些不需要融资的公司除外。不需要融资的公司有两类：一类是现金流公司，比如垂直领域的知识付费公司，它转化一个人就赚一个人的钱，赚的钱可以覆盖公司的各种成本，还有盈余，但是这种公司一般做不大，企业主也没想上市，主要靠现金流生活；还有一类是大公司孵化的小公司，可能自己本身财大气粗，不需要融资。

3. 岗位职责不清晰的公司

岗位描述不清，甚至一个岗位写多个岗位的职责，这种情况要么是小公司想找复合型人才，要么是这个岗位就没有具体的定位，去了可能就是打杂。

还要警惕那种高成长、高回报的岗位描述，有可能是传销公司。

4. 评价非常不好的公司

在收到面试邀请后，可以去网上查查这家公司的评价，比如看准网，当然看准网上的评价也要一分为二地看，不排除 HR 在那里刷好评，也不排除有人恶意诽谤公司。你要看的就是那些理性、细致、不泄露公司机密的点评，细节越细，代表越有可能是真的。

5. 只用短信或邮件告知你去面试的公司

一般来说，正规的面试邀约流程是先打电话通知你，和你约定面试时间，然后再发邮件给你，如果一家公司只发个邮件或者短信让你去面试，那你就要小心了。他们很可能是在广撒网，觉得你和岗位要求沾点边，就直接让你过去面试了。这样他们可以节省大量的时间精力。

不过也有一些大公司会不打电话，直接发短信或者邮件让你去面试，比如一些银行。遇到这种情况，建议先查询一下公司的资料，然后打电话过去确认一下岗位职责和要求，不要一收到邀约，就欣喜若狂地赴约。

6. 没投简历却邀你去面试的公司

有些公司你可能没投简历，但是他们主动邀你去面试，这种和上面只发短信或邮件让你去面试的公司一样，你可以问清楚公司的信息、岗位和职责，看这个岗位是不是你想要的，然后再决定去不去。

7. 路途太遥远的公司

如果你对路途比较在意，太远的不想去，那就事先调查好公司的地址，看一下距离是否在自己可接受的范围内，如果无法接受，也就不用去面试了。

8. 面试邀约直接用 QQ 邮箱发的公司

如果公司邀约面试邮件都是直接用 QQ 邮箱发，而没有用企业邮箱，说明公司工作很不规范。公司域名邮箱是可以免费申请使用的，如果对方连公司域名邮箱都懒得申请，说明很不专业。

▶ 2.8 在职期间，如何优雅面试

相信很多小伙伴都有这样的经历，自己现在还在职，但想看看有没有更好的机会，如果老是请假，又觉得无法跟公司交代，那遇到这种情况该怎么办呢？下面就来分享我的一些方法和技巧。

1. 集中面试时间

我之前在职面试的时候，会把我要面试的公司都集中安排到一个星期，然后请一周的假期，直接去面试。

一般每天安排 2～3 家，一周下来，面试公司的数量也有 10

家左右，基本上能找到自己满意的工作了。如果高强度面试一周还找不到满意的工作，可能是自身沉淀还不够，我建议你先沉淀一下，以后再找机会。

2. 不要海投

如果面试只是想去外面市场看看现在自己的身价几何，或者你已经离职时间很多，那可以海投。否则，不要海投，毕竟请假不方便，尽量筛选一些自己想去的公司，这样不会浪费时间。

3. 先电话面试

你可以跟对方的 HR 解释说自己现在还在职，不方便请太多假去面试，能否先电话面试一轮，如果双方觉得还不错，那可以进一步进行线下面试。这样做有两个好处：第一，不用频繁请假；第二，求职的成功率变高了。毕竟能通过第一轮的电话面试，也证明你获得了面试官的初步认可，这种情况下，再进行第二轮面试，也更有可能成功。

4. 利用休息间隙去面试

午间一般有 2 ～ 3 个小时的休息时间，你可以利用休息的时间去面试。如果觉得午休的时间还不够，那可以提前半个小时离开公司。如果怕领导找自己，也可以提前跟领导打个招呼，找个理由出去一下，如果你本职工作做得还不错，领导一般也不会为难你。

5. 利用调休的时间去面试

一般互联网公司都有调休，平时可以多加班，然后在调休时间去面试。

6. 利用周末去面试

如果对方允许周末面试，那也可以周末去面试，这样也不会对自己产生影响。但这种情况下有个缺点，那就是一般周末还进行面试的公司加班都比较多，如果你不想加班的话，可以不用去这类公司面试。

最后，切记在自己没有找到新工作前，不要跟任何人说你找工作的事情。当求职公司给你发 offer 了，你再大大方方提离职。

第 **3** 章

产品经理面试中

▶ 3.1 〉如何掌握面试主动权

很多人表达能力有限，外加面试紧张，导致自己没办法完整地把自己的经历表达出来。这个时候，如果你带着项目作品去面试，比如你之前的原型、文档等，面试官看了以后，大概也就知道你的水平了，一图胜千言，好的作品可以弥补你表达上的不足。同时，你还掌握了面试的主动权，因为面试官看了你的作品后，会针对作品的内容进行发问，而作品是你做的，你肯定对里面的细节比较熟悉，他再怎么问也难不倒你。而且如果你的作品做得很好，可以大大增加面试官对你的好感。

当然，如果你是应聘产品负责人或者产品总监这样的角色，那就要突出你的管理能力，而不能再凭借你的原型作品了。

▶ 3.2 〉面试中千万不要有这些行为

1. 缺乏对公司所处行业和公司产品的了解

面试中我们可能会被问到这类问题："你对我们的行业怎么看？""你有了解过我们的产品吗？感觉怎么样？"如果这个时候，你说没了解过、不知道、不熟悉，就显得不专业且没诚意。

所以，为了避免犯这类错误，一定要提前了解相关行业的发展趋势，包括市场规模、用户需求等，可以找一些行业报告，或者去知乎等网站搜索一些相关的分析。而且要提前写下来，找身边招人经验丰富的朋友做模拟面试，争取自然地说出来。

同理，如果是 C 端产品，可以去 App Store 或安卓市场，看一下用户的评价，好评有哪些，差评又有哪些，记录下来，然后自己去体验一下。如果是 B 端产品不好体验，那可以从网站上了解一下，找找相关的竞品。如果聊到相关内容，也可以说说你对相关产品的了解，而不是说不知道。

2. 表达啰唆，没有逻辑

不论是产品经理面试，还是其他岗位面试，我们表达的时候都要有条理，这样面试官即使没有记住我们说的内容，也会觉得我们这个人逻辑清晰。相反，即使你说的可能是对的，但表达得没有条理，也会给面试官一种你这个人逻辑思维能力不行的感觉。

比如介绍项目的时候，可以先说："这个项目我从四个方面进行介绍，分别是项目背景、项目方案、项目职责和项目业绩……"

3. 面试迟到

如果我们没办法在约定的时间到达面试场所，一定要提前跟公司说，而不要什么都不解释，等到面试官来问你。此外，建议尽量提前 10～15 分钟到达面试场所，这样可以给自己一定的时间熟悉公司环境，降低自己的紧张感。

4. 抱怨上一家公司

当问你为什么离职的时候，有的人可能会抱怨上一家公司，觉得老板怎么不好，公司同事怎么排挤自己……你抱怨这些，并不会得到面试官的认同，只会让面试官觉得你这个人太过情绪化，如果来我们公司，是不是也会这样？所以，建议大家在面试中不要情绪化，不要抱怨上一家公司。

5. 衣着不得体

面试是一个很正式的场合，别人对你的第一印象也很重要，因此建议求职的小伙伴一定要着职业装出席，不要蓬头垢面、胡子拉碴就去了。

6. 没有问题问面试官

在面试结束的时候，面试官一般会问我们，你还有什么要问的吗？有些人可能会说，我没什么要问的，也会给面试官一种感觉：你这个人是不是对我们公司不感兴趣，连问的问题也没有。

那这个时候，我们要怎么说呢？如果你是应聘公司的管理岗，可以问问公司的发展战略和路径，而不要问一些执行层面的事情；如果是应聘普通的基层，可以问问具体的工作内容，以及向面试官求教自己还需要提升哪方面的能力才能胜任，这也可以从侧面打听面试官对我们的印象。

▶ 3.3 面试中这些话不要说

面试中有些话是不能乱说的，说得不好，很容易被扣分。

1. 不会的题目瞎说

面试中我们很容易遇到不会的题目，遇到这类题目不要慌，可以请求面试官给你 30 秒的思考时间，然后把问题尽量往自己熟悉的方面引导。比如面试官问你在工作的过程中有没有遇到过很有挑战的事情，你可能一下子很蒙，不知道如何回答，这个时候，你可以先思考一下，然后引用简历中的项目经历来回答这一问题。如果你觉得你的项目经历没有什么挑战，也可以把话题引导到某段难忘的经历或者收获最大的经历。

2. "这不是我的工作内容"

这么说会给面试官一种感觉，就是你这个人没有主观能动性，也没有钻研精神。同样的意思你可以这样说："在我们公司内部有专门的同事负责这块事情，我没有具体负责，但我本人也很有好奇心，我有了解一些其他同事的工作内容，我可以尝试介绍一下……"

3. "我学习能力很强，来了以后可以学习"

有学生思维的应届生比较爱说这句话，你在学校里是花钱学习，而公司可不是花钱请你来学习的地方，而是让你来干活的。如果你是应届生，你可以说自己有实习经验或者用作品证明你私下学习了相关技能，来了可以很快上手，不需要公司花费太长时间培训。

对于有经验的职场人士来说，如果没有相关经验，也不要说自己学习能力强，可以说自己私下有研究过相关行业，对相关行业还算了解，如果有相关的竞品分析报告或者项目证明就更好了。

4. "我们做了 ABC，可能是……"

这么说会让面试官困惑你到底做没做。你可以这样说："在这个项目中我的角色是 A、主要负责 B，还有其他成员负责 C、D 的工作内容。"语气要坚定，用词要清晰、准确，你一旦说了"我们"和"可能"，面试官会怀疑你对这件事情的参与度。

5. 说与求职岗位要求能力相关的缺点

面试中可能会被问到缺点，但你的回答一定不能是和工作职位能力相关的缺点，比如应聘产品经理，就不能说我这个人的缺点是逻辑能力不好，你如果这么说，面试官就会觉得你不符合要求。一定要说和面试职位能力不相关的缺点，以及一定要说你已经采取措施改正了。比如面试产品经理的小伙伴可以这样说自己的缺点：

"我最大的缺点是喜欢追求细节导致项目未能按期完成。然而我确实意识到这对我来说是个问题，所以我采取了积极的措施来纠正它。我现在会改变工作方式，加强时间管理，在完成大体工作的基础上再去改善细节。"

6. 急切地表达想要这份工作的心情

当你说特别想要这份工作的时候，面试官会怀疑你的能力，觉得你是不是没公司要。你符合对方的要求，不说这句话对方也会要你；你如果不符合对方的要求，说再多的话也没用。而且如果你符合对方的要求，说这句话也很容易被压低薪资。

▶ 3.4 面试中如何做好自我介绍

▷ 3.4.1 自我介绍的禁忌

1. 不要背诵简历

你在自我介绍的时候，面试官也在浏览你的简历内容，所以不要做简历内容的阅读机，而要着重介绍你的亮点，比如毕业于名校、之前做过的某个项目和招聘的需求比较吻合等。

2. 自我介绍控制在 3 分钟以内

一般面试官会跟你说请你做 × 分钟的自我介绍，当然这个时间要求不会很严格，但是最好也不要超过。如果面试官没有说让你做几分钟的自我介绍，你就将自我介绍控制在 3 分钟以内，太短让人觉得你缺乏经历，太长会让面试官觉得你表达能力欠佳，甚至会打断你，这样会打击你之后的信心。

3. 说亮点，引好奇

自我介绍的时候当然要介绍亮点，但是也要对亮点点到为止，你说的亮点要么和岗位要求比较符合，要么是大多数面试者不具备的，比如你是"人人都是产品经理"专栏作家、知乎大 V 等，只要引起对方好奇，对方就会主动问你，这样你就掌握了面试的主动权。

4. 提前预演

去面试前最好将自我介绍内容写下来，然后对着镜子反复练习，做到自信放松、姿态舒展。

▷ 3.4.2　自我介绍案例

1. 背景介绍

我叫××，××人（一线城市基本上都会吸纳周边省市的人才资源，很容易与面试官是老乡），毕业于××学校，专业是×××（学校好的话就说学校；学校不好但专业和互联网相关的话，就说专业；两个都不符合的话就只说学历），有××年产品工作经历。如果刚毕业没多久，可以说一些学校的荣誉，如果都毕业 4 ～ 5 年，学校的荣誉还是别说了。

2. 项目介绍

项目介绍可以按照"STAR 法则"来写。

项目介绍：项目是什么，解决用户什么需求，为什么要做这个项目。

项目方案：把方案在简历上展示出来，不论是以链接的形式，还是以二维码的形式，重要的是作品要好，要有吸引力。

项目职责：结合自己的项目写得细节一点，不要直接把招聘上的职责写上去，而且要一条一条分开写。

项目业绩：项目上线后给公司带来了多少业绩上的提升，或者数据上的提升。

其他特殊经历：所谓的特殊经历就是大多数求职者不具备的经历，比如你是"人人都是产品经理"专栏作家、知乎上有高赞回答、运营自己公众号粉丝数达 1 万以上等，这些都可以作为你的特殊经历。

▶ 3.5 面试中如何应对回答不上来的问题

面试过程中应聘者一定会遇到不知道的问题，这个概率非常大，有些人很慌张，随便说几句话去搪塞面试官，有些人却能言之有物、反应迅速、言之有理，究竟该如何面对这种情况呢？

▷ 3.5.1 回答不上来的问题主要有三种

1. 专业性的封闭问题

比如产品经理需要哪些能力？产品经理的工作流程有哪些？这些问题的答案是固定的，没有好的办法去临时准备和解决，知道就是知道，不知道就是不知道，针对这类问题，需要靠专业的积累。确实不知道的话，就跟面试官说不知道。如果问题是偏难的，也不太会影响面试的结果；如果问题是岗位通用的，不知道的话面试后要及时掌握。

2. 通用的开放式问题

比如你对岗位是怎么理解的？你的职业规划是什么？带有"看法、理解、规划"等字眼的问题大多属于这种类型，这类问题没有固定的标准答案，但是很重要的一点，就是表达要有逻辑，内容要丰富。

比如面试官问：你对产品经理岗位有什么看法？可以这样回答：第一，我们可以分析产品经理岗位在公司扮演什么角色，起到什么样作用。这是从大的方面阐述对岗位的理解。第二，阐述这个岗位在大部分公司都有哪些具体工作，然后一一列出来。最后可以再加一句"觉得这个岗位很重要"，顺便说出自己能够做好这份工作的信心。

3. 刨根问底的行为性问题

针对刨根问底的行为性问题，我们可以提前预防和准备，提出这类问题的面试官主要想根据以往工作经历去详细挖掘你是否具备岗位能力。这个问题非常重要，在三类问题中占比最大，回答不好将直接导致面试不通过。这类问题需要提前梳理自己的工作经历，针对重大项目，按照 star 法则从项目背景、项目方案、项目职责、项目业绩等方面去阐述。

▷ 3.5.2　现场回答不上来问题怎么办

1. 拖延时间，确认题意

在没有思路的情况下，首先尝试拖延时间和面试官说："能给我一分钟的时间梳理一下思路吗？"然后快速问自己三个问题：面试官刚刚提供了哪些背景信息？信息中哪些是我熟悉的，哪些是我陌生的？面试官到底想要什么结果？然后对理解模糊和陌生的信息展开提问："您刚才说的 ××× 我没接触过，能简单介绍一下吗？""您刚才说的 ××× 我的理解是……是否和您的想法一致呢？"最后逐个对背景信息展开联想，尽可能阐述与结果相关的点。如果确实毫无思路，简单阐述思考的过程，把问题抛回面试官："我刚分析了几个点，但是还没有一些具体的方案，您觉得如何解决会比较好呢？希望能从您这边学习一些。"

2. 千万不要不回答，要勇敢去表达

这也是很重要的一点，很多人在面试的时候不把问题完全想出来，或者是不想到最优解就不去回答。但你不说话，面试官并不知道你的状态，他不知道你是完全没有思路，还是已经有了想法，或者是已经有了一个近似正解的解法。他得不到反馈，就不能对你的能力和价值进行评估，所以直到最后一刻才开口的做法是不可取的。

你要把面试当作一次探讨和沟通，即使一时无法完全给出标准答案，也可以和面试官进行一些思维上的碰撞和探讨，阐述你不成熟的想法、思路以及一些困惑。很多时候面试官的问题只是考察你具体的某个点，只要你答到了，那么题目即使没有完全解开也没有关系。如果你的想法面试官也没有考虑到，也一样能够体现你的价值。

3. 适当地回避问题

如何适当地回避问题，展示自己？可以这样回答：①诚实地告诉面试官这个问题答不上来；②虽然这个问题答不上来，但是告诉面试官你是如何思考的；③最后给出一个解决方案，比如"虽然我不知道 A，但我知道跟 A 相近的 B"。

▶3.6　面试中有这些特征的公司没必要入职

1. 压工资

各种借口压低工资的公司，要么官僚文化盛行，要么是创业公司老板比较抠，反正你进去会各种痛苦。

2. 入职特别急

今天面试，明天就让你上班的公司，一般加班比较严重，你需要考虑一下自己的身体扛不扛得住。

3. 约好的面试时间一再推迟

你可能提前 10 分钟就到达面试地点，但是面试官让你等了一两个小时，才晃晃悠悠出来和你交谈。这样的公司效率极低，而且不知道尊重他人。

4. 社保和公积金不交

现在很多城市买房子需要连续缴纳一定时间的社保，公积金则方便你以后贷款，五险一金的基本权益都不能保障的公司，发展一定不好。

5. 办公地点在小区

办公地点在小区的公司还是别去了，一个连办公楼都租不起的公司，要么不是公司没发展前景，要么就是老板抠。

6. 面试官态度傲慢

面试官如果比较傲慢，在面试你的时候，一会儿看手机，一会儿发微信，一会儿吃东西，这种公司还是别去了。

7. 观察员工状态

如果你进公司，发现员工之间交流比较少，每个人脸上的表情比较冷漠，你就需要考虑入职以后的员工关系问题了。

8. 面试的时候得到的信息和实际 offer 不符

比如面试的时候 HR 也没有跟你说要单双休，但你收到 offer 的时候是单双休，这种公司去了一定会被压榨。一般这种公司加班也比较严重。

9. 直接把面试作品复制一份

直接把你的面试作品复制一份，又不要你的公司也不用去了。

10. 签合同没写明薪资、年限等信息

签订合同的时候，如果没有写清薪资、年限、试用期时长等信息的，可以拒签，这样的公司不靠谱。

11. 群面

如果是校园招聘群面还可以理解，毕竟大家都没经验，但社会招聘大家都有工作经验了，这个时候再群面的话，本质上就是对你能力的质疑。

▶ 3.7 跳槽频繁如何解释

首先我们要界定一下何为频繁跳槽。一般来说在一家公司干满 3 年再跳是比较好的选择，如果一年一跳，就稍显频繁了。从我辅导的面试学员来看，有的甚至不到 1 年就跳槽了，这种情况可能连面试机会都不多，即使面试，HR 也会抓着你的离职原因问个不停。国外研究发现企业能够接受的极限跳槽时间是 2 年。

对于面试官来说，招人是需要成本的，不论是时间成本还是物力、人力成本。所以他们也特别怕找到一个不合适的人，跳槽频繁的人一定是存在某种问题，要么抗压能力差，要么心性不定，要么

好高骛远，要么职业规划不清晰。

如果你跳槽频繁，那么在面试中该如何解释呢？回答这个问题，有以下 3 个关键点。

▷ 3.7.1　表明你愿意长期在企业工作的态度

面试官问你这个问题，除了担心你的性格，就是担心你的稳定性。所以你需要打消面试官的这一顾虑。

比如你可以这样说："公司的平台在业内比较有名，各种规章制度比较规范，岗位也符合我的职业发展规划，所以我愿意长期在贵公司发展。"

这是正面说法，你还可以从侧面体现，比如"我过往在 ×× 行业的 ×× 岗位工作了多久，让我积累了丰富的工作经验，而企业正好也需要我这方面的经验，企业的平台条件比较不错，我愿意在企业长期发展。"

注意，千万不要说你只为了薪酬跳槽，那样会大大减分，会让面试官觉得如果有下家给你更高的薪酬，你也会果断地跳槽。而且这么说，会显得自己的格局太小。

▷ 3.7.2　虽然跳槽频繁，但是有规划

上面的理由初阶面试官是可以应对的，但是如果遇到一些戒备心比较强的面试官，以上理由就不够充分了。

这个时候你可以结合自己的职业规划来说，比如你可以这么说："虽然我跳槽频繁，但是我的每一步跳槽都是根据职业规划来

的，不是胡乱跳槽，之前的 ×× 工作锻炼了我 ×× 技能，恰好可以帮助我更加胜任该公司的招聘岗位。而且我现在随着年纪的成长，也成熟了很多，经过之前的岗位历练之后，我愿意在贵公司的招聘岗位长期磨炼自己的技能，为公司带去价值的同时，也不断地提升自己，最终实现自己的职业理想。"

▷ 3.7.3 诚实沟通

离职原因肯定是会被问到的，对于企业来说，他们更愿意接受的情况是你不是主动，而是被迫。比如公司倒闭、部门解散、工作是临时项目制、家庭客观原因等，当然被辞退的除外，不论你是在怎样的经济环境下被辞退，被辞退了都会给人一种能力不行的感觉。

如果你觉得上面的理由太虚，想诚实地向面试官解释离职原因，你可以先承认自己频繁跳槽，在回答中总结错误，并提出以后的解决方案。比如："刚毕业的时候，为了金钱跳槽，有的公司给我更高的薪水，我就跳过去了，现在觉得这样的频繁跳槽虽然短期薪水增加了，但是对长期发展并不利，技能没有得到很好的锻炼，所以现在我决定在以后的工作中，踏踏实实工作，为公司提供我的价值，也干得长久一些。"或者这样说："上一家公司进去之前向我承诺 ×××，但进去之后并没有兑现，项目管理也比较混乱，没有足够的资源让我开展项目，所以不得不离职，这也给我一个教训，就是找工作一定要对入职公司仔细考察，不能盲目做决定。"

这样的回答不仅不会让你减分，反而能让面试官看到一个更加成熟稳重的你。

▶ 3.8 职场空窗期如何解释

▷ 3.8.1 职场空窗期低于 3 个月

如果职场空窗期低于 3 个月,其实不必要在意,离职以后休息一段时间,外加找工作,3 个月左右也差不多了。

▷ 3.8.2 职场空窗期在 4 ~ 12 个月

从 HR 的角度出发,首选有相关行业项目经验、技能比较熟练的候选者,这样意味着培训成本比较小,来了就能干活。如果你空窗这么长时间,会让 HR 怀疑你是不是不太想在职场干,或者不差工作没有经济压力,动不动就跳槽。

那这种情况我们该怎么办呢?

你可以如实地解释,但一定要想好理由,以下理由可供参考:

(1)回老家处理一下私事,现在事情已经完成,心也安定了,所以回来重新找工作,回归职场。如果面试官还想问大概是什么事情,可以回答房子拆迁、家人需要照顾等。

(2)前面工作了好多年,休息的时间很少,这次辞职刚好陪陪家人,一起出去旅游。现在回来了,要重新进入新的职场生活。这种适合工作年限比较长的人。

(3)父母在老家县城开了一家小店,今年准备关了,一些后续的事情父母忙不过来,就回去帮他们做了下,现在店也关了,所以回来继续找工作了。

（4）家里没人照看孩子，哺乳这一年必须辞职。现在有人照顾小孩了，因此继续出来工作。

▷ 3.8.3　职场空窗期大于 12 个月

所有公司的 HR 和用人部门的主管其实对离职者空窗期的最大容忍期限是 1 年，尤其是互联网行业变化这么快，超过 1 年，可能就跟不上最新发展趋势。

这个时候可以找一家公司挂靠一下，而且能开具离职证明。

如果是在空窗期创业要不要如实告知？

如果你的创业经历和求职的岗位相关，那可以告知。比如你是做产品经理的，创业也是给别人做外包，还是负责产品经理一职。如果不相关，最好不要告知。

▶ 3.9 〉 让面试官印象深刻的表现

▷ 3.9.1　解决面试官真正的问题

面试官可能会拿团队遇到的问题来问求职者。作为求职者，这个问题是可以提前准备的。比如 HR 让你去面试的时候，你可以问问 HR 他们面临的最大的 2 ～ 3 个问题是什么。然后，带着对其中一个或多个问题的解决方案去面试。这会引导你围绕如何解决实际问题展开讨论。在考察应聘者时，面试官更愿意要为问题提供解决方案的人。

▷ 3.9.2　条理清晰的逻辑表达能力

我们都知道产品经理是需要有较强的逻辑能力的，所以面试者在表达中也要条理清晰地表达自己的观点。比如介绍项目时，用 star 法则介绍；让你说某个产品好坏的时候，可以从用户体验五要素进行回答；让你设计某个产品时，可以问清楚产品的目标用户是谁，他们遇到什么问题，是否还有其他需要注意的事项 / 限制 / 技术问题等。有组织和全面的思考会给面试官留下深刻的印象。

▷ 3.9.3　有好想法

在面试过程中，应聘者可能会提出一个大胆的想法。这可能是针对面试官提出问题的回应，也可能是他自己主动提出的。应聘者还必须在这个想法上加上一些实质性的内容，细化一下。

▷ 3.9.4　对应聘公司的业务有较深的理解

每个求职者需要对求职公司的业务提前做功课。如果你问的问题正好也是面试官所担忧的（比如竞争的压力、政策的风险等），那就会让面试官对你印象深刻。如果你已经对求职公司的行业和竞争对手提前做了了解，并且在面试中跟上讨论的步伐，那么你离得到这份 offer 也不远了。

▶ 3.10 面试中的薪资谈判技巧

▷ 3.10.1 谈薪资的误区

1. 说薪资范围

如果说自己的期望薪资是 9000 ～ 12000 元，对方肯定就会给你 9000 元，所以不要说一个薪资范围。

2. 狮子大开口

建议不要狮子大开口，看一下公司的薪资范围，如果是 15000 ～ 20000 元，那企业的一般预算是在 15000 元左右，最多不会超过 20000 元，如果你狮子大开口，直接要 25000 元，别人可能会质疑你的诚意。

3. 不确定自己能否拿到 offer 的时候，就开始谈薪资

有的面试官在面试结束的时候会问："你还有问题要问我们的吗？"有的同学可能会问薪资是多少。建议不要问这种问题，因为你问这种问题，会让面试官觉得你这个人眼里只有钱，并不在乎公司的业务。

如果面试官和公司的 HR 没有主动找你谈薪资，你也不要主动去谈薪资，别人想要你的时候，自然会找你谈薪资。如果公司还没找你谈薪资就直接给你发 offer，这样的公司不专业，也没必要去。

4. 相信公司画的饼

有的公司给不了高薪的时候，就会给你"画饼"，说公司发展前景怎样，你来了以后表现得好，年底会给你涨薪等。这些没落实到合同上的东西都不能作数，不要被这样的话语给忽悠了。

▷ 3.10.2　正确的谈薪资姿势

首先，问一下公司的薪资构成。当 HR 问你具体薪资预期的时候，你不要直接说一个数值，尤其是不要一上来就把底牌给亮出来，而是要反问一下对方的薪资构成，然后给出一个模糊的回应。比如你可以这样问："我预期是相较于现有的公司有一定比例的上浮，方便的话，我想先了解一下公司的薪资构成。比如公司的年终奖、绩效奖金、五险一金缴纳的方式等。"了解这些，方便在谈薪的时候找到抓手。比如对方说年终奖是 1 个月薪资，那你可以在之后的谈薪中，说自己之前公司的年终奖是 2 个月薪资，希望月薪提高等。

当 HR 向我们介绍完薪资构成以后，可能会再问我们的想法是怎样的，这时你可以说："我希望月薪相较于上一份工作有一定合理比例的涨幅，也想听听看公司对我的想法。"

这个时候，HR 可能出现两种回答方式，一是告诉你薪资的具体数字，如果和你的预期相符，你可以愉快地接受，如果和你的预期不符，你也可以以此为基础进行谈判，争取更高的薪资。比如你可以这样说："这个和我的预期还有一定的差距，能否给到 ×××呢？"如果差距比较大，那就更需要说出来。

如果对方还不说出具体数值，而是反问你，比如问："你期望的具体薪资是多少呢？"这个时候你要在底线薪资的基础上上浮10% ～ 20%，低于这个底线，就不能接受了。这个底线最好在面试前就了解清楚，根据自己的市场情况、工作经验去定这个数字。

那如何评估自己的市场价呢？有以下几种方法。

（1）通过身边的朋友、同学、同行了解。

找那些和你同城市、同行业、同工作年限、岗位资历差不多的人做参考。比如你和你大学同学同年毕业，然后都做产品经理，他现在的薪资水平你就可以做个参考，多找几个这样的同学比较，也就大概知道自己的市场价了。

当然很多人可能不一定有和自己同行业、同城市、同岗位的同学，有也可能比较少，这个时候就要多加一些同行的微信群，参加一些线下同行聚会，平时多储备一些人脉资源。这样找工作的时候不仅可以知道自己的市场价，也可以让别人帮忙内推。

（2）通过招聘网站了解。

很多招聘网站上的招聘信息都会给出公司的薪资范围，多找几个和自身条件比较相符的招聘信息，看看给出的薪资范围是多少。不要找那些薪资范围特别大的，比如 10000 ~ 30000 元，这种一看就不太靠谱，而要找 12000 ~ 15000 元这种，取个中间值 13500 元作为自己的市场价参考。多找几个，加起来求平均值就是你的市场价。

（3）找猎头了解。

猎头手里有很多人的求职信息，也有很多公司的招聘信息，他对行业的了解应该会对你有帮助。平时可以储存一些猎头资源，不仅是找工作有用，对你了解行业消息、薪资消息也是极有帮助的。

（4）多面试。

多面试可能是最快、最准确地知道自己市场价的一种方法，你多去面试几家，如果发现你要 30000 元都没有人愿意给你，那你就适当降低一些，比如 29000 元等。

（5）薪酬报告。

一些大的咨询公司每年都会通过大量的调研出具年度薪酬报

告，网上找到这些资料并不难，它们会分得很细，按照不同的城市、行业、工龄进行划分，这些报告的薪酬数据也可以作为自己市场价的一个参考。

当我们说出薪资底线的时候，对方如果能够接受，那我们就可以愉快接受；如果对方接受不了，那我们可以根据这个底线进行谈判，找一些论据来证明我们值这个薪资。HR 也可以根据我们的论据向公司去争取相应的薪资。论据可以从以下几个方面寻找：

（1）其他 offer 的薪资。

如果你拿到了其他公司的 offer，而且这个公司也不错，你可以说自己已经拿到 ×× 公司的 offer，他们的薪资是多少。

注意，这里不是让你拿别家的 offer 去向谈判的公司要价，而是证明你是有价值的，同时又表达了你更想在他们公司干的愿望，以及能给他们公司带去价值。

（2）你针对该岗位的特殊优势。

比如你之前公司做的业务和现有的公司业务挺像，那你的经验可以复用，这个就是你的优势。或者对方要求有 ×× 行业经验，而你正好有，那也是你的优势。

第 **4** 章

产品经理面试后

▶ 4.1 〉面试后如何进行复盘

一般在面试中，如果面试官问："你还有什么问题要问的吗？"我一般都会说："根据我刚刚的表现，您觉得如果我来做贵公司的该岗位，还需要提升哪些方面？"如果面试官对我的印象还不错，则会给予整体认可，并提出改进建议，如果面试官觉得不合适，一般也会告诉你哪点不合适，这样你接下来也有个努力的方向，知道该如何提升自己。

此外，针对面试中回答不好的问题，我们也要及时复盘，通过查资料、与别人沟通，把回答不好的问题进行记录，然后面试之前，不断地拿出来复习一下。这就相当于我们的错题集，回答不好的问题大部分属于思维盲区，通过反复查看、复习，就可以跳出自己的思维盲区。

▶ 4.2 〉面试后如何询问结果

很多小伙伴都有这样一个疑惑，我面试后要不要主动询问面试结果？询问会不会显得我太急切，需求感太强？如果面试公司知道我想去，会不会趁机压我薪资？

其实可以主动询问面试结果，但不要频繁询问。

主动询问体现了你的主观能动性，如果公司恰巧喜欢积极主动的人，这个时候公司更愿意给你一个机会，而且去公司面试的人那么多，你积极主动询问，也加强了面试官对你的印象。

还有一种情况，就是公司的招聘岗位可能产生变动，比如之前他们想招的是高级产品经理，你可能是初级产品经理的水平，招聘公司觉得可能不是很合适，但过两天正好出了一个初级产品经理的岗位需求，你这个时候主动询问，对方也就顺便考虑你了。

退一万步说，即使没成功，也不是因为你主动询问没成功的。相反，主动询问的情况下，如果面试官告诉我们不合适，我们可以趁机向面试官请教一下不合适的点，在后续的面试和职业发展中加以修正。

那我们可以在什么时间询问呢？

如果 HR 告知你 7 个工作日内答复，那么你可以在第 6～7 个工作日的时候致电询问，而且最好是在工作时间致电。比如对方工作时间是 9:00—12:00 和 14:30—17:00，那你可以在早上 10:30 或者下午三四点去询问。太早别人可能刚到公司，有很多事情要处理，太晚别人要下班了，没有耐心答复你的问题。

可以参考以下模板进行询问：总共分为两方面，一是表达对公司的欣赏，二是委婉询问面试结果。

您好！我是 ×× 年 ×× 月 ×× 日求职贵公司产品经理岗位的 ××。

诚挚感谢您和贵公司能够给予我面试机会，我本人对贵公司的企业文化、企业发展、产品定位、岗位方向都非常认可和看好。

同样，我也非常有信心去做好未来的岗位工作。不知道贵公司对我上次面试表现感觉如何？

如果对方说不怎么合适，你可以接着询问不合适的点："那能否告知一下不合适的原因？我也好有个努力和改正的方向。"

如果对方告诉你，你就表达感谢；如果对方不告诉你，你就表示打扰了，挂断电话即可。

▶ 4.3 面试失败，如何挽回颓势

当面试完一家我们喜欢的公司，觉得没戏但还想争取一下的时候，该怎么做呢？答案是发一封感谢信，在表达自己感谢的同时，再为自己争取一下。

这封感谢信主要可以从以下几个方面写：

（1）介绍你是谁，应聘什么岗位，为什么发这封感谢信，表达你对这次面试机会的感谢。

（2）展现你的优势。你可以先列出你对该岗位职责的了解，然后着重地强调你的过往经验与招聘需求的匹配度。比如对方要求有数据分析工作经验，那你就注重突出你会技术，以及过往工作中的数据分析相关工作经验；对方要求有电商行业经验，那你就着重介绍一下你的电商项目，最后将你的原型和文档的部分内容，以链接的形式放在邮件里面，让对方扫描二维码或者点击链接直接查看。最后表一下决心，说你有信心完成未来老板和公司的需求。

（3）挽救面试中的不足。针对你面试中回答不好的问题，主动线下寻找答案，把没回答好的问题再补充一下。

感谢信的注意事项如下：

（1）表达要正式，避免使用大白话。这样做会显得你的文案能力还不错，毕竟文案能力也是产品经理必备的能力之一。

（2）简明扼要。不要写成大段的文字，将要点罗列即可。

（3）面试后的 24～48 小时发比较好。一定要在邮箱上使用和简历同样的名字，这样对方才能辨别你是哪位应聘者。

（4）邮件尽量给 HR 和面试你的主考官都发。一般我在面试结束的时候都会加一下主考官的微信，如果对方不给，就要一下邮箱，自己好发一些之前的作品。

（5）微信优于邮件。有微信尽量发微信，没有微信可以选择发邮件，一般用一种渠道触达对方就行，多渠道触达对方就是骚扰了。

以下为感谢信的范文：

你好，我是昨天 ×× 点参与面试 ×× 岗位的 ××，虽然不一定有进入下一轮的希望，但我还是要感谢您给我的机会，很高兴见到您和您的同事。

通过昨天的沟通和对岗位的了解，我认为岗位的主要要求有……

而我在过往的工作中也有相关经验，个人认为和岗位的要求还是比较符合的，下面是我的相关作品链接（可以直接点击查看）……

此外昨天的一些面试问题我知道自己回答得并不好，回来以后我反思了一下，下面是我对这些问题的重新思考……

我相信我就是您要找的那个人，希望能再次获得面试机会，和您成为同事。

▶ 4.4 如何判断入职的公司是否靠谱

1. 投资人的判断

如果问世界上有没有哪个职业专门判断公司的好坏，那么非投资人莫属，在我们吃不准的时候，我们可以借助投资人的眼光来判断公司的好坏。经过专业投资机构调研后的项目靠谱程度较高，而且融到钱的企业也不会立马倒掉。

那去哪些地方找这些企业的融资信息呢？

可以通过企查查查询公司的法人、融资等信息。很多贷后的催收人员也是借助一些第三方平台来查询公司相关信息，来做进一步的催收动作。

也可以关注一些科技类媒体，比如 36Kr、虎嗅等。除了这些科技媒体外，还可以关注一些自媒体账号，多看看投资人的文章可以提高判断公司的能力。还有专门报道创业公司融资信息的"铅笔道"，通过它你每天可以看到不少新融资的公司信息。

如果该企业有知名的投资机构进行投资，那项目的靠谱程度也会大大增加，毕竟这些知名的投资机构在长期的历练中练就了火眼金睛。知名的投资机构有：红杉资本、IDG、真格基金、经纬、创新工厂等。

2. 在职人员的评价

可以在脉脉上联系一些该公司的在职人员，加上以后，给对方发个红包，说明来意，这样别人也会给你一些中肯的意见。

面试的时候会遇见公司的工作人员，我都会主动加他们微信，以便在需要的时候咨询他们。

3. 看准网

看准网上会有该公司在职人员对公司的评价，也有去该公司面试人员的面试经验分享，多去看看，可以帮助你更好地准备面试。当公司要你的时候，你也可以看看在职人员的评价，作为自己判断是否就职的一个标准。

4. 产品的评论、评分、排名和下载量

查询一个应用的 Android 下载量，可以使用酷传，它可以监控任何你想查看的 App 在安卓、360、豌豆荚、机锋、百度、安智、应用汇、应用宝、联想、易用汇、联通、魅族、华为、OPPO、vivo 等市场的总下载量数据。

查询一个应用的 iOS 下载量，一般用 iTunes Connet，并结合一些工具或采用第三方数据跟踪平台。

查询排名，可以使用应用雷达、App 12345。

查询评论和评分，可以使用 App Store。

5. 产品的更新频率

一般来说半个月到 1 个月迭代一个版本都属正常，如果超过这个迭代周期，说明产品遇到了一些问题。

App Store 会有该产品的版本历史记录，通过记录你可以查看到产品迭代周期和迭代内容。这也可以作为判断公司靠不靠谱的一个维度。

6. 官方公众号的内容

自媒体时代，公众号是重要的流量沉淀池，好的公司会用心地组建自己的新媒体团队，运营自己的公众号，而差的公司会随便找个人运营自己的公众号，只把公众号当作给用户推送活动信息的渠道。

7. 媒体上的新闻信息

可以看一下媒体上对该公司的报道，论坛、社区、知乎等网站上用户对该公司的评价具有一定参考意义。

第 **5** 章

产品经理常见
面试题

▶ 5.1 用户调研

▷ 5.1.1 面试题：你是如何做用户调研的

1. 明确调研的目的

调研一定是奔着某个目的去的，可能是了解用户需求，也有可能是寻找某个问题的原因，只有明确调研目的，才能得到想要的调研结果。

2. 选取典型用户

C端和B端的典型用户还是有区别的，我们分别说明。

1）C端典型用户

C端需要快速建立的用户模型如下图所示。

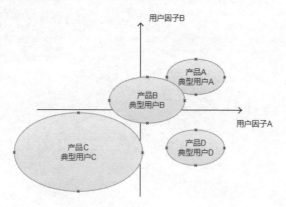

这里以音乐类产品举例。

用户因子 A：用户的年龄，越往右代表用户年龄越大。

用户因子 B：用户对音乐的喜好程度，越往上，代表用户对音乐的喜好程度越高，越专业。

典型用户 A：用户年龄比较大，对音乐喜好程度较高，有一定的音乐素养。

产品 A：虾米音乐。

典型用户 B：用户年龄较小，对音乐喜好程度中等。

产品 B：多米音乐、网易云音乐。

典型用户 C：用户年龄较小，对音乐没有较强的鉴赏能力。

产品 C：QQ 音乐。

典型用户 D：用户年龄较大，对音乐没有较强的鉴赏能力。

产品 D：酷狗音乐。

2）B 端典型用户

B 端典型用户一般可分为高层、中层和基层。高层一般掌控公司的战略，负责把控方向，他们会提出对系统的期望和建设目标。中层一般期望系统方便自己管理手底下的员工。而基层则是具体的使用人员，通过对他们的访谈，可以获知具体的操作指导意见。

3. 选取调研方法

用户调研其实有很多专业的方法，比如用户访谈、问卷调查、可用性测试等。

1）用户访谈

大多数研究的基础都和访谈有关。用提问交流的方式，了解用户体验的过程就是访谈。访谈内容包括产品的使用过程、使用感受、品牌印象、个体经历等，属于定性研究的一种方法。

2）问卷调查

问卷调查从来不是获取用户需求，而是验证想法，提供解释。

不是说你通过调查问卷就能发现用户需求，而是你首先有了想法，然后去验证你的想法。比如你的用户流失比较多，你可能觉察出了一些原因，但是又不确定，或者说你有好几个原因，但不知道哪个是主要原因，这个时候你通过问卷调查来验证你的想法，从而达到降低用户流失率的目的。

3）可用性测试

可用性测试指邀请一批真实的具有代表性的用户针对典型场景操作产品，并鼓励他们在尝试完成任务的时候出声思考，工作人员在一旁观察、聆听、记录，从而发现产品中存在的可用性问题。它适应于产品前期设计开发、中期改进和后期维护完善的各个阶段，是以用户为中心设计思想的重要体现。在 B 端产品中通常就是进行上门实地考察，这种做法能够让产品人员对需求与业务流程建立更直观的认识并且更容易获得一些被忽略的细节。

4）访谈和调查组合使用

（1）先调查后访谈。

通过大面积的问卷调查，对用户需求有一个基础了解，然后通过数据分析得出结论，最后再选一些代表进行访谈，从思想层面了解用户心理想法，毕竟问卷只是一个介质，只有人与人心灵的沟通才能发现需求。

被访谈的人一定得是你的目标用户，且要具有代表性，那么怎么寻找？在你的调查问卷中一般都会收集用户个人信息，以及性别、地域、工作年限等信息，这个时候你就可以根据获得的信息进行用户画像，寻找你的目标用户。

这种方法适合前期对问题原因有一定的了解，然后你才能设计出调查问卷。

（2）先访谈后调查。

先访谈对用户的需求有个大概了解，然后对调查问卷进行验证，根据用户反馈的信息再编写调查问卷会使问题更有代表性、针对性，通过大范围的用户问卷反馈以印证访谈结果的普遍性。

这种方法适合对问题原因或者用户需求了解不多的情况下使用。

（3）先调查后访谈再调查。

你可以先调查，调查之后进行用户访谈，发现和你想的一样你可以不用调查了，如果访谈发现用户的想法和你调查问卷的结果有出入，再根据用户的反馈重新做一份更有针对性的调查问卷，进行二次调查，以便认证用户需求。

4. 调研结果分析

这是最后也是最重要的环节。我们需要对用户反馈的内容进行分析，有些是用户的吐槽，有些是用户提供的解决方案，有些是用户的需求和老板的需求相悖（比如销售人员不想打卡签到，而老板就想这些人打卡签到）等。所以，对于调研的结果，我们一定要进行需求分析，找到用户背后真实的需求，平衡好管理层和基层员工之间的利益关系，然后给需求排优先级，逐步满足用户的需求。

▷ 5.1.2　面试题：B 端产品和 C 端产品的用户调研有什么区别

1. 调研对象不同

B 端产品的使用对象是企业里的员工，所以调研对象主要也是这部分人。我当时做贷后系统的时候，就去找一线的催收员、质检员一对一沟通，了解他们的业务需求。当然我并不是直接找一线人员沟通，在和他们沟通之前，我会先和他们的领导沟通，看他们现在遇到的主要问题是什么，从而确定需求的优先级，然后才找下面的人去了解具体需求，否则会陷入细节里面去，对当前业务面临的问题没有全貌的认知。

C端产品的用户研究一般都是根据用户画像，找到目标用户，进行访谈和调查问卷，而且C端的用户调研还不一定得产品经理亲自参与，很多大公司也都有自己的用户调研团队。当然我一直主张关于了解用户这件事，产品经理一定要亲力亲为。

2. 调研目标不同

B端产品的调研是为了了解业务需求，提高一线操作人员的工作效率，最终解决企业遇到的业务问题。这个时候要求业务人员不要过多地纠结交互、视觉、内容等方面的内容，而需要把侧重点放到对业务场景的分析，以及业务需求的梳理，想着如何设计能最大限度地为企业赋能，达到降本增效的目的。当然，这么说并不是说用户体验不重要，而是侧重点不同。

C端的调研更多的是发现用户需求，或者产品出现了问题，通过调研了解相关原因，最终都是为了流量服务，要么促活，要么提升留存，从而帮助公司更好地达到商业变现的目的。

3. 调研方法略有不同

（1）竞品分析。

B端产品的调研方法和C端产品的调研方法大体相同，基本上都是明确调研目标—制订调研计划—明确调研方法—执行调研计划—总结归纳输出。

C端产品必须做竞品分析，一是将来要和哪些C端竞品同台竞争，必须了解竞争对手的情况，二是 C 端竞品比较好找，分析方法也比较成熟，很容易进行竞品分析。

B 端产品由于比较难找，而且每个公司又有其业务的独特性，所以竞品分析做得不是很多，但我还是觉得有必要去做一些调研。

（2）研究方法。

B 端产品的用户量相对 C 端来说更少一些，有些公司定制化的 B 端产品可能只有公司少数人使用，因此在选择研究方法的时候，我们需要考虑目标用户数的影响，如果用户人数只有个位数，那可能就不太适合用调查问卷的方式去进行。

C 端产品因为用户数较多，可以多选取一些人数（但这些人一定要有代表性，代表不同类型的目标客户），然后可以调查问卷和用户访谈结合使用。

4. 调研执行差异

常用的调研方法包含用户访谈、调查问卷、可用性测试、数据分析等，这些方法 C 端和 B 端同样可以用，但在具体执行的时候，可能会有一些区别。

C 端产品可以邀请目标用户到公司，有的大公司甚至有专门的用户调研室，专业的调研人员可以严格控制调研环境等无关变量。

B 端产品的调研，由于目标公司的员工无法长时间离开自己的工位，所以需要调研人员去公司实地进行调研，而且还时不时面临调研过程被突然打断的情况。因为 B 端产品和业务强相关，如果调研人员没有事先对业务和调研对象做一些提前了解，那彼此的沟通可能会出问题。

5. 调研结果的分析侧重点不同

调研完成以后，我们需要对调研结果进行数据分析，因为两种产品的特性，决定了分析的侧重点也会有所不同。

C端产品可能更关注活跃度、留存率等硬性指标，而B端产品则对这些并不太关注，它更注重用户的行为和态度对业务产生的影响。如何利用调研结果推进产品核心业务流程进行优化，提高工作效率，这是B端分析的目标。

当然，B端产品还有一个窘境：有的时候用户体验不佳，不是你不想改，而是业务流程就决定了体验不佳，这个也很无奈，并不是产品设计的问题。

当然要解决这个问题需要从业务流程上入手，看改动是否会造成其他方面的影响，比如对其他业务造成影响抑或是改动成本较高，总体业务架构都需要调整。

解决业务问题的难度远胜于解决单品问题，因此用户调研在给出结果的时候一定要慎重再慎重，思考得深一些、广一些。

▷ 5.1.3　面试题：用户画像都包含哪些维度？如何建立用户画像

1. 什么是用户画像

用户画像是根据用户社会属性、生活习惯和消费行为等信息而抽象出的一个标签化的用户模型。构建用户画像的核心工作即是给用户贴"标签"，而标签是通过对用户信息分析而得来的高度精练的特征标识。用户画像既不能太粗，也不能太细，需要具有代表性。

2. 为什么要做用户画像

（1）防止产品经理跑偏。产品经理做出来的产品是给用户用的，所以脑海中必须明确什么样的用户在什么样的场景下使用这个产品，这样设计的东西才能满足用户需求，不带有你个人喜好。例如，你设计理财产品是给 20 ～ 39 岁的年轻人用的，但你却想着有老年人在投资你的产品，把字体设计得特别大，这不仅影响美观，也会导致部分目标用户群的流失。

（2）为运营推广提供支持。有了详细的用户画像，推广起来不仅效率高，而且也能降低 ROI。例如你的投资理财产品主要针对 30 ～ 39 岁年薪在 20 万元以上的目标人群，这些人群基本上都属于结婚没多久，小孩在上幼儿园的状态。那么你就可以在幼儿园的门口加他们的微信，地推你们的产品。因为有了目标人群，然后分析目标人群特征，然后才能进行精准化的推广。

3. 用户画像注意事项

（1）用户画像建立在真实的数据之上。比如你的理财产品的注册用户有很多从其他渠道过来的垃圾用户都不怎么投资，你做用户画像的时候就要把这部分人群给去掉。

（2）多个用户画像，考虑用户优先级。用户画像一般不超过三个，超过三个用户画像，在产品设计的时候会无所适从，产品设计的时候首先考虑满足首要用户画像，在不冲突的情况下满足次要用户画像。当一个产品非常复杂，在设计某个模块的时候，也要考虑用户画像的优先级。例如，购物网站某一板块是给女性设计的，就要站在女性的视角，从颜色、排版角度都要考虑偏女性化。但是另外一个购物板块是给男性用的，可能就需要成熟、大气、稳重一些。

（3）用户画像需要不断修正。刚开始做产品是猜测你的目标用户是什么样的人群，实际做出来可能有点偏差，需要修正，当你的数据更丰富的时候，可能用户画像又需要修正。比如你现在在上海做理财产品，主要目标用户是上海的 20～39 岁人群，万一哪天你的推广集中在杭州，用户画像中地域分布可能就要集中在杭州了。

4. 用户画像的五个维度

用户画像主要的五个维度是人口属性、信用属性、消费特征、兴趣爱好、社交信息，其他更多的维度可以根据自己的产品需要来定，一般这五个维度能够满足产品设计需求和业务需求。

（1）人口属性。主要描述一个人的基本信息，包括姓名、年龄、性别、电话号码、邮箱、家庭住址等。知道这些信息，可以划分用户群是年轻人、中年人，还是老年人，以及主要地域分布，知道他们的联系方式可以确保你能联系到他们，对你的营销有帮助。

（2）信用属性。主要描述用户收入情况、支付能力以及信用情况。银行有余钱、芝麻信用分高的人一般有能力进行理财而且信用比较好，这些有利于了解信用情况，定位目标用户。客户职业、收入、资产、负债、学历、信用评分、芝麻信用分都属于信用信息。

（3）消费特征。主要描述用户的消费习惯和消费偏好，用于寻找高频和高价值的用户，一个经常消费的人，也是一个有财力、愿意花钱的人。为了方便筛选用户，可以直接将客户定位为某些消费特征人群。例如：一个人经常旅游，那么你就可以向他推销旅行险；一个人刚买车，你就可以将他的车抵押向他放贷；如果你的客户经常买奶粉，你可以在产品上做个积分商城，商城里面的产品有奶粉。

（4）兴趣爱好。用于描述客户有哪方面的兴趣爱好。兴趣爱好和消费特征可能部分有重复，区别在于数据来源不同。消费特征来源于已有的消费记录，而用户买来的东西不一定是自己用，但是兴趣爱好代表本人真实的兴趣。掌握这些信息可以方便你做运营，比如客户是电影爱好者，那么你就可以做一个活动送电影票。至于这些数据怎么获取，可以通过社交信息和地理位置信息来获取：经常去电影院的是电影爱好者，经常去健身房的是健身爱好者，等等。

（5）社交信息。用于描述用户在社交媒体的评论，这些信息往往代表用户内心的真实想法和需求，具有时效性高、转化率高的特点。如果企业及时了解到这些信息，可以有效地进行推广。

5. 如何建立用户画像

用户画像的建立分为两步：一是定性调研，二是定量修正。定性调研是指通过市场调研和用户访谈来定性地对一个用户做画像；定量修正是指在获取一些数据以后，开始用数据修正用户画像。

▷ 5.1.4　面试题：你不是目标人群，怎么做好这个 App

（1）首先承认：我确实不是目标用户。

（2）提出改进的方法。你如果可以转化成目标用户，那就说可以把自己变成目标用户。比如某 App 的目标用户是台球爱好者，你不喜欢打台球，但可以去学。但有些你是无法转化的，比如你是男性用户就无法将自己转化成女性目标的用户。

还有一个通用的说法：虽然我不是目标用户，但是我有执行力，我会通过用户访谈、调查问卷、可用性测试等来获取用户的需求，同时我会私底下和目标用户多多交流，深入他们的圈子，了解他们的想法。

▷ 5.1.5　面试题：项目在做需求调研时分几个维度

项目的需求调研一般可以从以下 5 个维度进行。

1. 项目背景

项目的背景调研就是为什么做这个项目？这个项目是给客户做的外包项目，还是给公司内部员工使用的项目，抑或是做一个 SAAS 系统拿到市场上进行售卖？目标用户的痛点是什么？想到达一个什么样的目标，有哪些痛点需要解决？这些问题都可以通过访谈去了解。

为了了解项目的背景，首先要找提出这个项目的人（一般是领导），去和他交流。了解他想达到的一个目标，这样自己设计的时候也好有个方向。

在访谈之前，可以设计一个访谈提纲，访谈提纲可以分为以下几个方面：

- 为什么提出这个项目？
- 和公司最近的战略相关吗？
- 期望项目达成什么样的目标？
- 项目的目标市场和目标用户（如果是公司内部使用的系统，可以告知一下具体使用部门和对象）。
- 该项目是从 0 到 1 的新建还是在之前的基础上进行迭代？
- 项目的建设周期要求。

接下来可能需要去访谈具体的使用者，了解他们使用过程中遇到的具体问题。如果是新建，那就了解一下他们现在的工作流程和想线上化的部分，可以用笔记录下他们提出的问题（最好同时录音），但要注意不要按照他们说的去做，他们自己往往会提出解决方案，我们对他们提出的解决方案要细致分析，找到他们真正的需求，最后才是我们给出的产品解决方案。

2. 项目业务调研

很多业务我们是不了解的，尤其是设计 B 端产品的时候，其业务属性更强，我们需要了解其具体的业务，然后梳理业务，画出业务流程图，再和目标用户商量当前业务存在的痛点，最后确定业务中需要线上化的流程。

想了解项目的业务流程，可以找项目的接口人和公司的具体业务负责人。通过访谈加观摩的形式了解具体的业务，若时间和条件允许，产品经理甚至可以通过轮岗去具体了解业务。

调研提纲如下：

- 当前的业务流程是什么样的（各个业务逐一进行调研，流程节点和每个节点的内容，流程节点的处理人等）？
- 项目上线后，对业务流程有哪些改变（是否有节点的增减，对节点的处理效率，以及节点处理的安全、准确和保密性的需求）？
- 业务涉及的使用角色说明（角色在公司的岗位、角色岗位的人数、提供该角色的调研对象和时间安排）。
- 业务资料收集（业务流转过程中的表格、单据、报告（最好是真实的），以及业务专业术语、产品资料、规则算法、逻辑条件等资料）。

当然，在了解的过程中，如果有些地方不懂，可以让接口人通过用户示例向你讲解。对于不懂的专业术语，要及时问，然后记录下来。有些资料能收集就尽量收集，如果因为保密性的要求，实在收集不了，那可以只收集样式，不要具体内容。

3. 项目角色调研

项目角色调研就是对业务中各个关键角色进行调研。以贷后系统为例，其有催收员和质检员，催收员分为具体的 M1 阶段催收员、M2 阶段催收员和 M3 阶段催收员，每个关键角色都需要进行针对性调研，了解他们的操作流程、现状痛点以及对系统的期望。

如果时间和条件允许，去轮岗是最好的，此外可以通过访谈和观摩的形式进行。

需要具体了解的内容如下：

- 角色的岗位是什么？
- 岗位和该项目相关的工作内容有哪些？
- 该业务工作的输入、输出是什么？
- 业务工作中的依据、资料和表格。
- 在这些工作中，各环节处理耗时以及一周处理频次。
- 在这些环节中最困难的地方是什么？
- 对该项目建设的想法和建议（要听但不要照着他们提供的方案做）。

当然，有些用户很有表达欲，这个时候要及时拉回话题，不要偏离自己调研的方向。

4. 竞品调研

竞品调研就是看看市场上有哪些竞品可能遇到和我们同样的问题，了解它们是如何设计的。

5. 系统接口调研

系统接口调研主要是了解我们要做的系统和其他系统是否有关联。比如贷后系统中有个模块是联系人信息，这个可能需要和客服系统同步，这样客服在联系不到借款人本人的情况下，可以通过贷后系统提供的亲属联系方式找到联系人。抑或是客服更新了联系人的最新联系方式，也可以同步给贷后系统。同时每天逾期的案件需要进入贷后催收池，而这些也需要和贷后管理系统对接。只有提前了解清楚需要对接的接口，这样才能协调好各团队的开发进度，从而不会影响产品的最终上线。

针对接口的调研可以从以下几个维度进行：

- 有哪些系统和本项目有关联？
- 对接的各个系统处于哪个阶段？是否需要二次开发？
- 了解输入、输出关系，接口方式。
- 明确各系统对接人。
- 各接口可提供时间。

产品经理一定要提前了解清楚需要对接的系统，把风险扼杀在摇篮之中。

当然，你在面试中肯定不能说这么长，可以把各个系统简要地解释一下，时长控制在 3 分钟以内最好。

▶ 5.2 需求收集、整理与分析

▷ 5.2.1 面试题：你是如何收集需求的

1. C 端需求来源和收集

如果你是产品本身的目标用户，你的需求会非常靠谱，同时能够提出一些非常棒的点子，做起产品来也会非常得心应手。

当然大多数时候，我们并不是产品的典型用户，即使我们属于目标用户群，但人与人之间的差别很大，我们只能代表一类人，这个时候我们想更深层次地了解目标用户需求，就需要去和用户聊天。为了节约成本，我们可以从身边的朋友和同学开始，然后逐渐扩大这个范围。

另外一个获取用户需求的方法就是观察。任何的时候，比如当你挤地铁的时候、当你上班的时候、当你看电影的时候，观察到一些细节，都可以给你带来好处，不断地积累着这方面的经验和知识，能够帮助你判断出大众的需求。举个例子，之前在移动互联网手持设备设计上，有一个导航设计比较流行，那就是抽屉式导航。抽屉式导航刚出来的时候，很多内容型产品包括新闻、社交软件等，它们都会把抽屉式导航应用进去。如果你善于观察，就会发现用户在公交和地铁上，由于空间比较拥挤，用户无法两只手都空出来操作手机，这个时候他为了能够扶住手把，只能用单只手来操作手机，但现在的一些大屏幕手机是很难点到抽屉式导航左上角那个导航图标的，这个时候如果用户想切换内容就会非常不方便。如果你是一个善于观察生活的产品经理，在此时此刻就应该观察到这一点，然后在设计产品的时候，就要考虑你的产品在此场景下是否适应。如果不适应的话，你该如何去改进它。

2. B端需求来源和收集

B端产品的需求采集途径主要包括干系人访谈、问卷调查、业务体验、原型演示、中期演示等。

干系人访谈配以问卷调查是需求采集的主要途径，可以是一对一地聊，也可以采用需求调研会的方式来进行。

业务体验是高时间成本的方法，但也是最好的方法，如果可以把产品经理置于业务人员的角度去体验一段时间，一个优秀的产品经理是完全可以培养出业务人员的用户视角的，否则单靠想象让产品经理具备 B 端业务人员的用户思维，这是非常困难的事情。

　　原型演示不容忽略，设计好原型后让干系人进行确定，避免开发出的产品与干系人设想的不符。如果有条件可以采用高保真原型，高保真原型可以让干系人进行可用性测试；若只采用线框图就让干系人来体验，在心理层面上，干系人体验时的重视程度会有所降低。

　　很多项目在开发完成之前是有中期演示的，中期演示一来可以让干系人确保开发进度是如期进行的，二来也可以对产品功能的偏差做出及时调整。中期演示后需要做需求变更是一件高概率事件，干系人在项目开始时往往想不全全部的需求点，在经历时间的发酵后，也会在中期演示后会进行添补。

▷ 5.2.2　面试题：如何划分需求的优先级

　　大家可能都知道四象限判断法：重要紧急、重要不紧急、紧急不重要、不紧急也不重要。优先级的排序是：重要紧急＞重要不紧急＞紧急不重要＞不紧急不重要。那如何判断需求的重要紧急程度呢？这里提供以下 2 种方法。

1. 产品阶段判断法

　　产品发展是分阶段的，每个阶段需要实现的目标又不一样，因而需求分析和判断的时候，就要取舍决策。常见的战略阶段分别为起步阶段、发展阶段、迭代阶段。在起步阶段，注重核心功能的实现，快速推出市场验证产品的可行性；到了发展阶段就会进行功能扩展和完善，在这个阶段也会小范围地进行试错实验；到了迭代阶段，产品基本已经成熟稳定，需求就会更加注重用户体验方面。在不同的战略阶段，需求决策的标准是不一样的。起步阶段可能为了快速实现产品，所以在核心功能之外的需求会被放弃或暂缓，例如微信要构建闭环的商业生态圈，但这个工程不是一步就能完成的，所以要分阶段进行，那么每个阶段的重心就会不一样。第一阶段需要先完成场景布局，所以推出朋友圈、公众平台，先将点对点的微信改造成有维度的社交圈；第二阶段开放定制接口，内推微信支付，构建商业蓝图吸引更多参与者；第三阶段升级服务策略，开放微信支付，放开权限提升各类常见模式的实现方法，完成闭环的可能性。也就是起步阶段做基本型功能，发展阶段做期望型功能，迭代阶段做兴奋型功能。这个就是我们常说的 KANO 模型，重要程度是：基本型功能＞期望型功能＞兴奋型功能。

2. 需求价值判断法

也就是性价比判断法，评估这个需求需要多少开发资源或运营能力，价值有多大。在考虑需求价值的时候，可以从以下 4 个维度考虑：广度，该需求的受众面有多大；频率，该需求的使用频率是以多久为周期；强度，该需求对用户需要有多强烈；时机，该需求是否符合产品的规划以及当下的环境。什么是当下的环境？比如资本寒冬，我们的目标是拉新，这个时候一些活跃的运营类需求可能就得暂放。通常情况而言，基本型需求的重要性最高，也最紧迫，所以基本型需求的优先级默认是最高的。但是由于公司其他部门（如运营、市场、销售等部门）业务需求的迫切需要，会同时研发一部分期望型需求（重要不紧急）和兴奋型需求（紧急不重要）。

▷ **5.2.3　面试题：如何将用户需求转换为产品需求**

（1）首先保持二八原则，只有普遍用户的需求，才能内化为产品的需求。比如某个需求就一个用户需要，其他大多数用户都不需要，你就不需要做。

（2）通过现象看本质，收集用户需求以后，多问自己几个为什么，找到用户的动机。例如：用户在沙漠中需要水，你就要问自己用户为什么需要水。用户有可能口渴了，那这时候你给他水就好，如果用户是因为太热，你可以给他防晒服，甚至考虑一下用户体验，如果觉得防晒服太麻烦，你就提供防晒霜。有时候一个人并不能完全洞察用户的动机，需要团队的其他人员一起头脑风暴，甚至多问提出这个需求的原始用户几个为什么，直到找到真正动机为止，然后结合产品本身衡量需求的性价比，最后综合团队实力、需求急切度确定最终产品需求。

▷ **5.2.4　面试题：客户经常变更需求该如何处理**

1. 合同约束

与客户签订合同时，可以对变更需求的情况做约束。比如规定客户提出需求变更的时间；何种情况下的变更可接受；什么样的变更不可接受；如果非得变更需求，是否需要加价；还可以规定需求变更的管理流程。

虽然这种外包需求很难一开始就确定得很细，单靠合同很难改变需求变更的情况，但也可以在一定程度上增加客户变更需求的成本。

2. 建立需求变更流程

明确需求变更的流程。比如需要哪些审批环节、审批人员、审批事项等。这样做有两个目的：一是将客户下达变更流程规范化，杜绝张嘴就来的非紧急、非合理、非必要的"三非"需求；二是留下书面证据，为今后可能的成本变更和索赔准备好依据。凡未履行审批程序的"变更"，都当作无效变更处理。

有效的需求变更包括评估变更价值、评估变更对项目影响，最好提交双方项目负责人评估是否确认变更。对于因为业务变化引起的变更，最好提出书面申请，这样双方项目负责人可以对变更的内容做到心中有数，而且客户在递交书面材料的时候会比较慎重，书面材料也是逼迫人思考的一个过程，这样可以防止出现拍脑袋的变更。

3. 评估需求变更的性价比

需要将需求变更产生的成本和收益告知双方领导，一般成本包含开发成本、时间成本、沟通成本等。最好能量化，明确告知用户哪些需求变更需要收费，哪些可以免费变更，防止用户无感知，随意变更。

4. 确认客户是否接受需求变更的代价

需求变更会导致项目延期、开发士气低落，甚至产生额外的收费，这些都要和客户提前说清楚，如果客户认为需求变更是必须的，就会接受这些代价。如果客户认为需求变更虽然有必要但是可以暂缓，双方可以签署备忘录，留待以后解决。如果客户认为需求变更可有可无，多数情况下会取消。这个协商的过程一定要有，最后的结论最好用邮件发出来，或者走需求变更流程。

5. 零星的变更需求一次性修改

遇到需要变更的零星需求，可以先记录下来（也就是需求池），每一周或者每两周再集中研究处理，不要让频繁变更的需求影响到整体项目的开发节奏。比如可以向用户提交一份各阶段需求变更的完成计划，注明需求提出人、提出时间、需求变更成本、是否收费、收费金额、是否确认变更、变更开发进度、预计完成时间等。

6. 变更记录及时上报双方领导

对于变更的需求要及时告诉领导，这样领导可以知道项目延期的原因，不会责怪团队，在和对方领导沟通的时候心里也有个底。团队负责人可以以日报、周报、月报的方式向领导汇报，也可以邮件或者定期的项目汇报会的形式告知，具体形式可以根据领导的喜好和项目的节奏自行决定。

▶ 5.3 竞品分析

▷ 5.3.1 面试题：如何做竞品分析

1. 竞品分析前的准备

1）明确目的

从普遍性的角度来说，竞品分析的目的就是用来指导产品的研发改进，我们需要通过竞品分析，了解市场行情、竞品的战略以及功能等资料信息，或者了解我们与竞争对手的差距，然后得出一些有用的分析结论和获得一些新的产品切入点，从而借鉴于产品的研发和迭代，增强我们自身产品的核心竞争力，最终实现占领市场的目的，有时候甚至可以为运营作参考。

从特殊性的角度来说，竞品分析的目的需要根据每个人、每个公司当下产品的实际情况来决定，举例如下：

（1）团队对我们产品里面某个功能是否需要修改犹豫不决，因此希望借助竞品分析来给这个功能是否修改提供一个依据，那么从这个目的出发，我们只要找到有相关功能的竞品，然后主要对这个功能进行对比研究分析即可。

（2）在战略层面上，团队对产品的商业模式有一些疑问，因此想通过竞品分析来拓展商业模式方面的一些思路，那么从这个目的出发，我们就要从宏观上找到相关的竞品，看看它们的运作方式，了解它们的盈利点，再与它们进行对比分析。

（3）我们对自己产品的交互设计以及视觉设计不够满意，领导也希望能有所改进，变得更加易用并且美观。那么从这个目的出发，我们就要找到那些交互和视觉设计都做得不错的竞品进行比较分析。

你需要明确通过竞品分析，你和你的团队到底想要得到什么。是想验证一个结论呢？还是想得到一致的共识？又或者是想作为启发产品迭代的入手点？总之，你要明确自己的目的。

此外，我们还要考虑竞品分析报告到底是给谁看的问题。

有些竞品分析报告是给领导看的，这里就要注意领导比较关心什么问题，如果领导关心的内容比较细，那么我们还是要从产品团队或者研发设计团队的角度去作报告。不过一般来说，领导关心的层次会比较高，比如竞品与我们在业内的地位比较、行业的方向、产品的发展方向以及竞争力等，那么我们的竞品分析报告就要往这些方面侧重。

大部分情况下，竞品分析是给自己的产品团队或者研发设计团队看的。

2）资料搜集

（1）搜集并分析用户的意见。

在这里，我们主要做的就是了解我们产品和竞品的核心用户对于产品的看法和意见。主要从以下 3 个角度来分析用户的意见：

- 用户是如何看待我们产品和竞品都有的功能，他们是如何比较这个功能的。
- 我们产品没有的功能但是竞品却有的功能，他们又是如何看待的，用户会不会因为这个功能而选择竞品而不是用我们的产品。
- 我们有但是竞品没有的功能，他们又是如何看待的，这个功能能不能帮助我们从竞品那里抢夺用户。

在获得用户的意见之后，我们要把这些意见记录下来，等到我们做竞品的功能分析的时候就可以作为评判依据，从而为我们得出一些有益的产品改进建议提供帮助。

（2）搜集并分析竞品的数据。

在这里，我们主要做的就是了解我们产品和竞品的市场或者产品各方面的数据对比。主要获得的数据如下：

- 我们产品与竞品的市场份额占有比例、下载量对比；
- 我们产品与竞品的用户数量、用户增长率、增长趋势、活跃度对比；

- 其他数据。

获得的方法有很多，比如：

- 百度指数、淘宝指数、友盟指数；

- 艾瑞咨询、易观智库、CNNIC、比达咨询、DCCI 互联网
  数据中心、Alexa；

- App Store、App Annie；

- 其他。

与获得用户意见之后的做法相同，我们要把这些数据记录下来。并且，通过了解竞品的市场份额，我们做竞品比较分析的心里也就会有一杆秤，比如竞品 A 的市场份额为 30%，竞品 B 的市场份额为 5%，那么我们在对这两个竞品分析比较同一个功能的情况下，要侧重分析的肯定是竞品 A，而不是竞品 B。

但是，不管是用户数据还是产品数据，依然有很多主观上的不确定性以及特殊性，也就是说，我们在下一步进行竞品比较分析的时候，不仅要结合用户的评论和产品的数据，还要考虑竞品的特殊性和实际情况，这样就不会完全落入用户或者数据的"圈套"。

2. 如何进行竞品分析

假设我们要设计一款音乐 App，竞品分析过程如下。

1）竞品选择

竞品选择 QQ 音乐和网易云音乐。

2）选择理由

QQ 音乐较早进入中国数字音乐市场，凭借 PC 端的用户基础，将优势延续至移动端，市场份额和月用户活跃量均处于市场前列，

属于市场领先者。

网易云音乐进入市场较晚，但其凭借音乐社交的新玩法和良好的用户体验赢得了不错的口碑，在移动音乐市场这片红海领域也取得了不俗的成绩，属于市场创新者。

3）相关信息

包括软件版本、体验时间、设备型号、操作系统等。

4）具体分析内容

（1）市场趋势、业界现状。

这部分算是对整个行业进行分析，你可以去找一些行业分析报告，这些报告会分析行业发展现状、政府最新政策，以及各个产品所占的市场份额。

（2）竞争对手的产品目标、产品定位等。

主要分析竞争对手的产品定位、产品目标、产品口号、上线时间等，可以用 Excel 列表的形式列出，这样便于对比分析。

（3）目标用户。

分析各个竞品的目标用户，看看彼此的目标用户需求有哪些异同。

（4）市场数据。

这一部分主要对各个竞品的市场份额进行对比分析，找到自己和别人的差距，有追求的目标。数据可以在艾瑞咨询、企鹅咨询、比达咨询等第三方大数据网站上找，甚至可以直接在百度搜索某产品的市场份额。

（5）功能对比。

把你认为重要的功能列出来，然后看看哪些平台有，哪些平台没有，有的画"√"，没有的画"×"，这样进行对比，就可以一目了然地知道竞品的情况，下次当你要做类似功能的时候就可以借鉴。

（6）功能架构。

QQ 音乐与网易云音乐功能架构如下图所示。

两者功能逻辑均较清晰，但是 QQ 音乐在某些地方的逻辑存在问题，比如"摇一摇"（听歌识曲）放在"更多"模块的最底层。"摇一摇"功能是"听歌识曲"的扩展设置，最好放在"听歌识曲"的下一层，让两者关联性更加紧密。

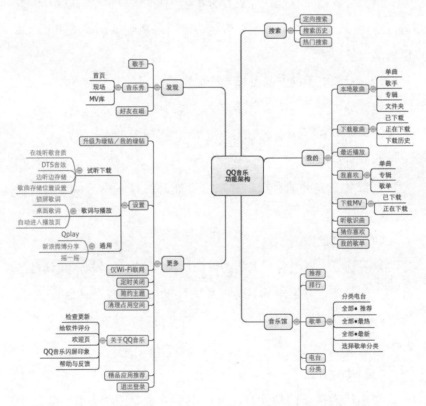

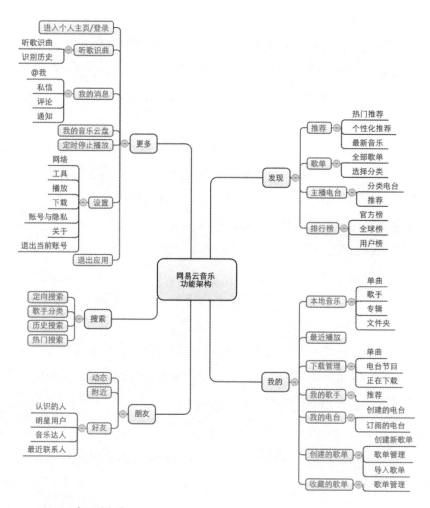

（7）交互设计。

这个部分就是把竞品设计比较好的产品架构和交互流程截图保存下来，归档整理好，比如你觉得 QQ 音乐的产品架构比较好，那么就截图保存下来，1.0 版本做了什么，1.1 版本做了什么，这样你可以发现每个版本之间的区别。

（8）视觉设计。

有些产品视觉设计看着就很有档次，有些产品视觉设计看着就很低级。好的设计往往都是细节做得比较到位，比如苹果官网的设计很简单，但它的排版对每一个像素都是有要求的，差一点点像素，可能就会导致整体不协调。

（9）运营及推广策略。

对竞品的运营策略分析主要偏重于产品定位下的运营手段和品牌策略的相互结合。对运营的分析可以关注它的用户运营、活动运营、新媒体运营都是怎么做的。

（10）产品优缺点。

可以采用 SWOT 分析法分析产品的优势、劣势、机会、威胁，站在对方的角度看对方的产品，换个角度思考，也许会有不一样的感觉。

（11）总结行动点。

分析别人的产品是为了指导自己的行动，学习别人的长处，规避别人的短处，不是为了分析而分析，要带着目的去分析。最后一定要总结出自己的行动点。

▷ 5.3.2 面试题：你用了我们的产品吗？对我们的产品有什么建议

去任何一家公司面试之前，最好能了解一些别人的产品，如果是 C 端产品，可以下载别人的 App 体验一下，然后看一下 App Store 或者一些安卓应用市场上用户对该产品的评价，着重看用户吐槽的点，用户吐槽的点基本上就是产品的改进方向。

与此同时，还可以使用一下竞品，尤其看一下竞品有但体验的产品没有的功能，这些也是产品的发展参考方向。

还有就是从一些网站，比如人人都是产品经理、知乎、谷歌、百度等，搜索关于产品的评价信息，并做到心中有数。

最好能把这些答案写在腾讯文档或者石墨文档等在线文档上面，面试之前可以拿出来复习一下。

如果是 B 端产品，可以尝试一下能否试用，也可以去一些 SaaS 点评网站，看看用户对他们产品的评价。甚至可以去找一些竞品体验一下，现在很多 SaaS 产品提供免费试用，可以注册体验一下，这里提供一些找 B 端产品竞品的国内网站供参考，网址请扫码查看。

1. 36Kr 企服点评

36Kr 企服点评是业内第一家综合型的 SaaS 点评平台。它的逻辑和大众点评类似，通过收录来自真实用户的对企服软件的使用评价，帮助买方打破信息差，客观了解产品真正的业务表现。同时，企服厂商也能根据用户声音，有针对性地迭代产品，发掘潜在客户需求及销售线索。

平台分别从服务层、交互层与数据层赋能客户进行更好的决策。服务层为客户提供一对一的选型咨询，自助学习、社群交流的服务。交互层帮助客户进行多维度的搜索和筛选，同时拥有横向对比的服务以及付费的决策报告。在数据层上，该平台提供行业及类别、价格、功能、真实点评、成功案例以及供应商信用等信息。

2. SaaS 软件点评网

SaaS 软件点评网是专业且中立的 SaaS 产品交流与选型平台，创建于 2019 年 4 月，目前已收录 4000 家以上 SaaS 产品或公司，上万条点评问答，旗下现有近百个 SaaS 产品交流群，如视频会议、

SCRM、知识付费、在线教育、电商、财务、办公、低代码、美业、餐饮、营销 SaaS 等。

3. 找 SaaS

网站里面有 SaaS 应用市场，在这里你不仅可以找相关的 SaaS 产品，还可以找 SaaS 产品咨询和 SaaS 产品设计的相关文章。

4. 字母点评

字母点评专注数字化产品选型，网站访问量已超百万，覆盖 200 个以上数字化产品分类，用户可基于真实使用者评价、榜单挑选数字化产品，帮企业做更好的技术决策。

在这里你可以了解到不同业务类型的 SaaS 公司，可以从产品信息、商家信息、用户评价、产品评级报告等维度了解这款产品。同时，还有相关的报告可供下载。

5. 选型宝

选型宝是"B2B 市场的大众点评"，为企业的决策者提供了一个实名的选型经验交流社区。在选型宝，企业 IT 采购者不仅能看到其他用户的实名点评，还可以按产品找到用过的人，跟他们聊一聊，问一问用户真实的使用感受。

这里有热门厂商实时排名、热门软件产品、厂商的应用案例及 SaaS 领域的热门新闻，还可以搜索自己想要了解的产品。

点击进入产品之后，可以从基本信息、用户点评、产品功能、产品价格、产品案例等维度了解该款产品。

6. Yun88 网

Yun88 网主要助力企业筛选优质厂商、产品、技术和解决方案，实现数字化转型，其内容主要是针对自己精选的 SaaS 产品进行介绍。

7. SaaS 之家

SaaS 之家是专业的 SaaS 产品点评和排行平台，致力于更好地连接 SaaS 用户和厂商，并在此基础上实现数据互通。

8. CSDN 企业服务导航

这是 CSDN 推出的专业企业软件与服务聚合导航平台，方便企业用户更快地找到自己所需的产品与服务，助力企业降本增效。

▷ 5.3.3 面试题：你对 ×× 行业有什么看法

这个问题有很多变种，比如"你对我们行业有了解吗？""说说你对 ×× 行业的看法。"尤其是在你没有相关行业经验的时候，面试官更会以此来判断你对行业是否感兴趣，是否有提前了解。如果你一问三不知，那很可能失去面试机会。

这个问题，我们需要提前准备，目前市面上有很多行业报告，我们在面试之前可以搜来研读一下，至少知道这个行业的过去、现状和未来的发展趋势，以及国家的政策等。

也可以在知乎、人人都是产品经理、百度、谷歌等搜索相关的分析文章，看看别人的一些观点对自己有没有启发。总之，这个问题就是要提前准备。这里分享一些行业报告的查询网站，可扫码查看。

▷ 5.3.4 面试题：你最近用的一款 App 是什么，说说它的优缺点

该题目在应届生求职产品经理和初级产品经理面试中比较常

见。也有很多变种，比如："说一下你喜欢的一款 App"或者"你最近常用的一款 App 是什么"，其实都是一个意思。今天就来跟大家分享一下，如何回答这个问题。

这类问题主要考察求职者的三点能力：

（1）产品经理的好奇心。如果求职者没有好奇心，平时不体验其他 App，肯定回答不好这个问题。

（2）产品的分析能力。如果求职者不知道如何体验一款产品，或者只是简单地把玩一下，站的高度不够高，没有从上到下、从里到外地进行分析，这道题也不算回答好。

（3）逻辑表达能力。其实每个问题都涉及逻辑表达能力，但这种问题，需要求职者说的不是某一个方面，所以特别需要求职者组织好自己的语言，从多个方面把自己的观点阐述清楚。

回答这个问题容易有以下误区。

（1）说的东西很大众。千万不要说微信、支付宝、淘宝等大众型产品，首先这些产品属于超级 App，你说不好。其次，面试官肯定也经常用这一类产品，你说得好与不好，面试官一听就知道。所以，求职的小伙伴可以选择一个没那么大众的产品，这样面试官很大概率没用过你提到的产品，这个时候你只要逻辑清晰，说的内容不出现明显的纰漏，表达条理清楚，很容易过关。

（2）直接钻入细节。实际面试中，很多小伙伴回答这个问题的时候，直接就钻到细节里面去了，什么配色不好、交互有多糟糕等，只说非常细节的点，这个时候，面试官就会觉得你这个人格局不大。当然，也更谈不上表达清晰有条理了。

那么该如何回答？

这类问题可以从用户体验五要素，即战略层、范围层、结构层、框架层、表现层进行回答。这样回答，既条理清晰，又能完整地说清楚一款产品，也没有钻到细节里面去，同时还体现了你的专业素养。以小红书为例，可以按照以下方法回答。

（1）战略层。小红书是一款以分享生活内容为载体的"社区＋电商"平台，主要的盈利模式为广告、增值服务和电商，于 2013 年 6 月上线。小红书的目标用户主要是追求生活品质、热爱生活、爱好分享和交流吃、穿、玩、乐的年轻群体。

（2）范围层。小红书的特色功能是社区，所以在内容质量与活跃度上完胜同类的天猫国际、网易考拉等竞品。

（3）结构层。由于小红书的特色功能是社区，所以在结构上，社区内容直接放在首页，而商城则在次要的位置。同时为了方便用户发送内容，直接在 tab 中间放个"＋"号，方便用户随时随地分享内容。

（4）框架层。商城模块整体设计比较简洁和紧凑，在这么窄小的空间里面设计这么多东西，实属不易，可能是产品少的缘故，分类太粗了。如果产品少，这样分类情有可原，但如果产品比较多时，建议分类可以细化一下。

首页 / 发现界面下的内容，左右两侧内容并不完全对齐，这样也增加了活泼感，符合年轻人的调性。

（5）表现层。视觉表现上，小红书使用白色为主、红色为辅的配色，视觉上比较简约、清爽，整体和细节都做得很好，设计风格深受女性用户的喜爱。

建议：小红书应重内容，先社区再电商。小红书的版本迭代等多在图片美化、视频滤镜等软功能方面，以其刺激用户去原创、分享。从内容上挖掘女性用户的需求，去中心化经验分享和以此为基础的商品选择有利于加快转化率和提升用户黏性。

但是小红书的商品品类貌似不足，如果小红书想在电商行业发展，可能还需要加强自身的供应链建设。

关于建议这一块，大家站的高度一定要高，不能只提一些交互和设计上的建议，而是要提一些战略上、功能上的问题（战略和功能上的问题可以从产品生命周期思考，产品生命周期分为导入期、成长期、成熟期、衰退期。导入期更多的是验证产品需求，成长期更多的是拉新，成熟期更多的是促活和变现，衰退期更多的是留存，大家如果提功能上面的需求，也可以从这个角度考虑）。提战略和功能上的问题，可以体现你的思考深度。

当然，这类问题让你临时想可能比较难，因此最好私下先准备好，这样被问到的时候，就可以从容地说出来。

▷ 5.3.5　面试题：什么算作成功的产品

禁忌回答：好玩的就是成功的、用户人数多的就是成功的、能为公司赚钱的就是成功的、UI做得漂亮就是成功的……这样的回答本身没有问题，但如果是产品经理面试，这样的回答要打零分。为什么呢？不要忘记你的身份，你是来面试产品经理的，好玩的产品一定成功吗？好玩怎么定义？用户人数多就成功吗？多少用户算多？用户人数多的产品就是成功的，这是从用户的角度看问题。能为公司赚钱的就是成功，那逆推回去没为公司赚钱的就不是好产品吗？许多产品人气很旺但是并不赚钱，只是用来市场卡位，这样不算好产品吗？这是运营的思路，不是产品经理的思路。最后一个答案，做得漂亮的产品是成功的，那是设计师的思路，不是产品经理的思路。甚至易学易用也只是交互设计师的思路，同样不是产品经理的思路。

正确回答：一个好的产品首先要解决用户的需求，其次要有黏性，最后要拥有不错的体验。

第一，需求，这是一个产品之所以被称为产品的前提，产品的本质就是用来解决需求的。

第二，黏性，这是一个成功产品的典型特点。一个成功的产品，一定是不断被用户想起的产品。有黏性的产品一定是很好地解决了某种需求，而且做到了竞品没有的高度。用户用了一次就不再使用，说明你的产品并不好，或者说干脆就是定位有问题。

第三，优秀的用户体验。在这个产品同质化竞争比较严重的时代，好的用户体验就是商机，尤其是你弯道超车的策略之一。例如电商三只松鼠的用户体验：在你收到包裹的时候你就会发现每个包装坚果的箱子上都会贴着一段手写体的给快递员的话："快递叔叔我要到我主人那了，你一定要轻拿轻放哦，如果你需要的话也可以直接购买哦。"打开包裹后会发现，每一包坚果都送了一个果壳袋，方便把果壳放在里面。打开坚果的包装袋后，每一个袋子里还有一个封口夹，可以把吃了一半但吃不完的坚果袋封住。袋子里还有备好的湿巾，方便吃之前清洁双手。这些小小的变化使他们的销售额不断增长。

▶ 5.4　用户体验

▷ 5.4.1　面试题：你觉得什么样才算好的用户体验

周鸿祎说过，好的用户体验就是产品设计的功能超出用户预期。这里的用户体验其实也就是满意度，满意度＝用户需求满足程度－用户的期望值，当产品对用户需求的满足程度超出用户期望值很多的时候，就能带来良好的用户体验。

（1）内容大于形式。用户体验不仅仅是界面美观，界面美观只是用户体验的一部分，优先级并没有那么高。一个用户体验比较好的产品，首先要满足用户需求。

（2）打败自己。打败大多数同行会让产品在市场中占有一席之地，但这并不代表用户体验就好，而是要不断打败自己。

（3）关注细节。现在产品同质化比较严重，很多产品在功能和技术上不会相差太多，用户能够感知到的往往是产品的细节。此时就需要产品经理有工匠精神，当你的产品占领用户市场的时候，不能像早期那样进行粗糙式的产品设计，而是需要用心打磨产品的每个细节，为用户提供超预期的用户体验。

这就是我对用户体验的一些思考，我认为最好的用户体验就是让用户感知不到体验。

▷ 5.4.2　面试题：如何判断哪种用户体验更好

可以通过尼尔森十大可用性原则进行判别，它们分别是：系统可见性原则（可见性原则）；匹配系统与真实世界（环境贴切原则）；用户的控制性和自由度（撤销重做原则）；一致性和标准化（一致性原则）；预防出错（防错原则）；识别比记忆好（易取原则）；使用灵活高效（灵活高效原则）；审美和简约的设计（易扫原则）；帮助用户识别、诊断，并从错误中恢复（容错原则）；帮助文档（人性化帮助原则）。

1. 系统可见性原则（可见性原则）

系统需要在合理的反应时间内，通过恰当的反馈，让用户知道当前的状态。

（1）让用户知道他们处在何处。

对于一些页面层级比较多、内容比较丰富的网站或者软件，比如电商类网站（淘宝网、聚美优品等），让用户知道自己身在何处很有必要，不然用户会迷失在网页内容的汪洋大海中。

同时，对于新手用户，他们必须知道自己身处的位置，从而避免自己迷失于软件或者网站中。PC 端一般使用面包屑导航让用户知道自己当前处在网站的什么地方。App 一般用标题栏中的标题告知用户当前所处的位置。

（2）让用户知道自己做了什么。

人们总是需要知道他们的操作是否被系统获知。因此，第一时间提供操作的反馈十分必要。比如感谢作者或者取消感谢，系统都会及时地给你反馈，让你知道自己做了什么。

（3）让用户知道系统正在做什么。

安装软件时，一般会有蓝色的进度条；页面缓冲时，也需要有进度条提醒。后台系统状态的及时反馈很重要。后台运行时，应尽可能地为前端用户提供系统的反馈，减少用户的疑问，平缓用户的焦躁情绪。

（4）让用户知道系统做了什么。

让用户知道他们的操作是否被系统所接收，需要尽可能给予相关的信息反馈，即便是没有结果也一样。比如注册完成后提示"注册成功"，缓存清除后提示"缓存清除成功"，这些都是属于系统及时的反馈。当在百度没有搜索到相关内容的时候，它不是给你提供一个空白界面，而是告诉你没有相关搜索结果并提供解决方案，这也是及时反馈。

2. 匹配系统与真实世界（环境贴切原则）

产品的一切文案和表述要尽可能贴近用户所处的环境（年龄、学历、文化、时代背景等）。

（1）使用用户的语言。

iOS 系统的提示设计得比较好，不仅告诉你结果，而且告诉你原因。特别是老年人本身对新技术就比较恐惧，如果再出现技术语言，只会加深恐惧。

（2）现实世界的隐喻。

从现实世界借鉴设计元素，可以显著降低用户的认知和学习困难，并增加他们的使用兴趣。比如 360 安全卫士有个"立即体检"按钮，隐喻网络世界中电脑也需要体检。

（3）现实世界的使用行为习惯。

现实世界中，人们会在超市中选好物品，放入购物车，然后去收银台结账。淘宝则把这套流程搬到了线上，用户选好商品加入购物车，再点击支付，查看订单。

（4）手势操控。

对于触屏设备来说，如果被定义的操控手势与人们在真实世界中所使用的手势意义接近，那么这些手势将非常利于记忆和学习。比如拖动、滑动、缩小、放大，这些常用操控手势正是借鉴了人们在日常生活中的动作，才让用户易于掌握和记忆。相比之下，双击和常按的手势操作就不便于人们学习。

3. 用户的控制性和自由度（撤销重做原则）

用户的控制性和自由度指的是让东西处在用户可控的范围内，因为人对可控的东西有安全感，这样用户可以在 App 中自由地导航和切换操作。

（1）用户可以撤销重做。

当用户在使用 office 以及画图软件的时候可以撤销重做，而不会让用户因为一个错误的操作前功尽弃。微信的撤回也是遵从这个原则，用户可以将想撤回的信息进行撤回。

（2）用户可以自由地导航。

导航可以让用户去自己想去的地方。比如产品更新时可以提供两个选项："立即更新"和"稍后再说"。强制更新就无法让用户自由地选择自己想去的地方。

（3）用户可以自由地控制任务流程。

比如使用微信语音时，在 60 秒以内可以自由控制发送语音的时长，手指上滑可以取消发送。

（4）用户可以自由地退出。

当用户看到自己不感兴趣的内容时，可以轻易地回到最初原点。比如下图的"返回首页"图标，当用户看到自己不感兴趣的界面时，可以点击返回首页。

4. 一致性和标准化（一致性原则）

用户不应当因为同一件事物有不同的状态和行为而产生疑惑，尽量遵照平台的设计标准。

（1）产品内部的一致性。

产品或者系统内部的视觉和交互方式保持一致，会让用户对产品产生信赖感和控制感。比如 B 站 App 的闪屏、各个页面的设计乃至图标，都给用户传递一种二次元动漫的氛围。

（2）迭代产品的一致性。

同一个产品不同版本之间也需要尽量保持一致性，不然会让老用户面临重新适应的问题。除非产品的用户体验水平可以显著提高，不然不要轻易改变原有的设计规范。比如 win10 和 win7 底部任务栏就保持了风格上的一致性。这样用户在操作上就能保持体验的一致性。

如果发生较大的更新不得不改变时，也应该提醒用户哪里发生了变化，让用户有心理准备接受变化。否则当用户以原来的方式与产品交互时却没有效果，用户就会受挫。

（3）业内不同产品的一致性。

不要轻易违反已经成为业界标准的设计，否则将会给用户带来很大的重新学习困难。比如首页默认用小房子图标表示，你如果用爱心图标用户就会产生疑惑。

5. 预防出错（防错原则）

比显示一条出错信息更好的解决办法，就是通过精心设计让问题在第一时间内避免发生。产品设计要消除和检查出错的隐患，并让用户在提交任务前进行确认操作。

（1）心理约束。

心理约束是指通过利用人们在自然世界中的认知和观念来直觉地约束人们的行为。在人们的认知中，有颜色的按钮是可以点击的，没有颜色的按钮是无法点击的，所以在产品设计中，一般将不满足使用条件的按钮呈灰色显示，表示处于禁用状态。

（2）清晰的提示。

给予用户清晰的提示，可以帮助用户更好地确认操作行为并且及时地发现操作的问题，从而降低用户发生错误的概率。比如按键弹出式设计，就是为了避免因手指遮挡而产生打字错误。

（3）及时提示。

当用户操作不当时及时地给予提示，减少用户犯错。比如用户在注册时，一旦输入有误就直接提示，而不是在最后点击“立即注册”的时候才提示。

6. 识别比记忆好（易取原则）

将功能和操作尽可能可视化，把用户的记忆负担降至最低，用户不能一直处于记忆状态。关于系统的使用说明应该是可见的或者是容易获取的。

（1）功能的可见性。

用户不习惯也不善于发现隐藏的功能。例如，返回顶部的按钮更能让人们感知到返回顶部的操作，而且返回顶部按钮只有在用户做出返回顶部操作的时候才会出现，这就符合功能可见性的原则。

（2）内容的分组。

认知心理学有个"短时记忆 7±2"理论，也就是说人的短时记忆只能记住 5 ～ 9 个东西。下图的内容左侧分组右侧未分组，可以发现虽然内容数量一样，但是有分组更方便人们的记忆和操作。

（3）图标 + 名字。

常用的图标通常识别性很强，但是不要轻易将图标的名字擦除，因为在大部分情况下，"图标 + 名字"给用户带来的认知强度胜于它们各自单独呈现的方式。尤其在图标有多个意思的时候，比如 QQ"附近的人"用地理位置的图标表示，这个图标放在其他App，可能表示定位的意思。

（4）预留线索。

在界面设计中设置一些视觉线索，暗示用户该如何操作。比如今日头条的底部图片只展示一半，暗示用户可以上拉加载更多。

7. 使用灵活高效（灵活高效原则）

系统需要同时适应于经验丰富和缺乏经验的用户。专家级用户需要快捷的操作方式，但是新用户却不需要，同时允许新用户对常用功能进行设置。

（1）尽可能短的任务流程。

试想两个场景：来了一个电话，这个时候你找到包，然后在一顿乱翻之后拿到手机，这个时候电话已经挂断了；另外一个场景是手机就在你的手中，来个电话你直接接听。哪个场景完成任务的可能性高？

每多一个步骤，就会增加用户完成任务的难度，提高用户流失率。

（2）尽可能少的页面跳转。

在网站和手机系统当中，提高使用效率还意味着尽可能减少页面之间的跳转。这样可以减少用户的学习难度，同时也可以降低用户在系统中迷失的概率。

比如微信的上传图片，如果每次只能上传一张，就要上传好几次，通过多选有效地降低了频繁的页面跳转，优化了用户体验。

（3）流畅的使用体验。

用户喜欢流畅的使用体验，不喜欢在使用过程中被打断。弹框这种强提示要慎用。

（4）平衡专家用户和大众用户。

对于一些功能，在提供给专家用户快捷操作的同时，也要照顾到大众用户的使用需求。在 iOS 系统中，专家用户可以通过从右向左滑动来快速调出删除按钮，但这个操作十分隐蔽，不易被发现。

因此对于新手用户来说，iOS 提供了一个相对复杂但是人人会用的方式：在菜单上点击"选择"，然后逐个选择，再进行删除。

8. 审美和简约的设计（易扫原则）

人的认知负荷度都是有限的，所以只要展示你想让用户看到的信息即可，其他多余的信息都是噪声。

（1）让界面保持干净简洁。

干净简洁的页面让人赏心悦目，易读、易于导航，避免操作错误，等等。这点对于手机界面来说尤为重要。

（2）美就是好。

人们都喜欢美的事物，因为美的东西给人一种精神上的享受。很多人买苹果手机，除了因为系统好用以外，还因为它的颜值高。

9. 帮助用户识别、诊断，并从错误中恢复（容错原则）

用简单明确的语言解释错误信息，精确地指出问题原因并提出建设性解决方案。

（1）引起用户的注意。

当错误发生时，提示信息一定要直观醒目，文字需要简单易懂。

例如在用户购买金额不符合要求的时候，用红颜色的文字进行提示，这样比较醒目，同时文案尽量精简易懂，不要冗长。

（2）提供建设性意见。

当用户遇到错误时，尽可能提供有实质意义的信息，比如问题是什么？如何从错误中恢复？

比如有的登录注册页面提示"用户名或密码错误"，那到底是用户名错误还是密码错误，还是两个都错了？需要给出明确提示。

（3）自动纠错。

如果系统能够帮助用户自动甄别错误并及时进行修正，将给用户带来极大的使用便利。比如使用关键词进行搜索时，如果关键词有误，系统会给出相关内容进行提示。

10. 帮助文档（人性化帮助原则）

尽管系统能够在脱离帮助文档的情况下使用，但提供相关的帮助和文档仍然非常有必要。帮助信息应当易于查找，聚焦于用户的使用任务，列出使用步骤，并且信息量不能过大。

（1）及时的帮助。

在不需要的时候，用户不喜欢被帮助信息所干扰；但是在需要的时候，用户期望能够马上获得相关帮助信息。因此，在用户不熟悉的操作和信息周围，可以预先设置好信息的提示和帮助。

比如 App 在首次使用时展示新手引导。

（2）简洁有效的帮助。

给用户提供的帮助一定要简洁有效，人在需要帮助的时候心情都是急躁的，产品手册式的帮助只会被用户忽视。

▶ 5.5 ⟩ 文档撰写

▷ 5.5.1　面试题：BRD 包含哪些内容

　　BRD 是英文 Business Requirement Document 的缩写，根据英文直译过来就是"商业需求文档"的意思，商业需求文档是产品生命周期中最早的文档，其内容涉及市场分析、销售策略、盈利预测等，是为企业高层提供决策的演示文档，一般用 PPT 展示，不涉及产品细节，需要简明扼要地向决策层展示项目的商业价值。

　　商业需求文档需要包含的内容如下图所示。

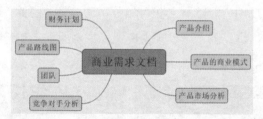

（1）产品介绍。

　　用一句话来清晰地定义你的产品。

　　用一句话来明确表达产品有什么创新，解决了用户什么问题，填补了市场什么空白。

　　用一句话来描述产品的市场规模和潜在的远景（包含具体数字）。

　　用一句话来概括产品的竞争优势。

　　用一句话说明为什么我们的团队能做出来，需要多久做出来。

　　用一句话来概述你的产品多少时间内可以赚取多少利润（包含具体的数字和时间）。

用一句话来陈述你希望得到的资源支持，以及怎么用。

当然上面都是可选项，不是每个都必备。语句尽量简洁，精练地向你的决策层宣讲你在做什么事。

（2）产品的商业模式。

如果你的项目值得做，那项目如何赚钱？可能是通过广告、会员等级、网上商城，抑或是通过游戏等。

（3）产品市场分析。

宏观的行业趋势：最好用数据的形式展示，这部分可以从艾瑞咨询、上市公司财报、知名网站报道来获得。

微观市场：如果这个行业已经是红海了，我们可以进入微观市场。

分析完了宏观行业趋势和微观市场，就要结合我们自己的情况，分析如何进入细分市场。

（4）竞争对手分析。

竞争对手有哪些，我们该如何与他们竞争？如果产品没有竞争对手，那么这个行业可能处于发展红利期。

（5）产品路线图。

产品路线图也叫作 Roadmap，包括版本规划是什么样的，每一个版本的大概功能模块有哪些，每个版本的时间安排是什么样的。

（6）财务计划。

收入的来源和渠道有哪些，如何才能达到收支平衡，产品的收益增长率是怎样的。具体可以分为：

需要多少资源（人力成本、软硬件成本、运营成本）。

最终能获得什么收益（带来收入、带来用户、扩大市场、占有市场先机）。

做这个有没有风险（开发失败、失去市场机会、失去先机、竞争不过对手）。

▷ 5.5.2　面试题：MRD 包含哪些内容

1. 什么是 MRD

MRD 是 Market Requirements Document 的缩写，英文直译就是"市场需求文档"。市场需求文档的主要功能是描述什么样的功能和特点的产品（包含产品版本）可以在市场上取得成功。

一般产品经理在 MRD 的基础上，再细化出 PRD，来指导技术团队的开发。

2. MRD 和 BRD 区别

（1）论题和论点的区别。

如果说 BRD 是抛出一个论题，MRD 则相当于用论点来支持论题，具体论述我们该通过什么样的方式来达到我们的商业目的，在一系列分析以后，拿出可行性的办法，输出指导性的文档。

（2）阅读对象的不同。

BRD 主要是给产品、运营、研发、财务的管理层看的，帮助他们决定是否要开始某个产品。

MRD 主要是给产品、运营、研发等业务线上的人看的，在大家一致认可需求成立的时候，来商量该怎么做、如何做、什么时间做。

前者决定要不要做，后者决定如何开始做。

3. MRD 包含内容

市场需求文档需要包含的内容如下图所示。

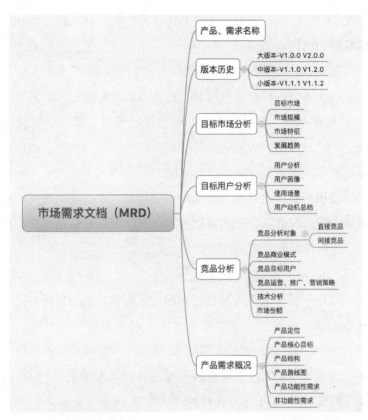

（1）产品、需求名称。

名称可以让业务线上的人员知道 MRD 在说什么。

（2）版本历史。

这里以 QQ 举例。QQ 第一版主要支持点对点的文字信息通信功能，这个时候叫作 V1.0.0；第二个版本增加文件传输功能，这个时候叫作 V1.1.0；有一天你发现一个 bug，需要紧急上线一个版本，这个时候命名为 V1.1.1。

（3）目标市场分析。

①**目标市场：**例如互联网金融市场又细分出互联网保险市场、

P2P等，P2P里面又分为专门做车贷、房贷的，这些都是市场，想好你要做的市场。

②**市场规模：**对市场规模进行评估，可以参考易观智库、企鹅智酷、比达咨询等数据网站发布的数据和分析报告。

③**市场特征：**其实也就是市场现状，例如互联网金融从2013年兴起，经过几年的野蛮生长，逐渐大浪淘沙，一些平台退出，同时随着监管政策的出台和牌照的限制，导致准入门槛提高。

④**发展趋势：**就是这个行业发展的趋势，除了易观智库、企鹅智酷等会出这样的报告，也可以关注行业的最新政策消息来看政策趋势，这些都是发展趋势。

（4）目标用户分析。

①**用户分析：**以互联网金融为例，分析内容主要包括网民对互联网金融的认知度、获取的信息来源（亲友介绍、网上搜索等）、用户关注的因素（安全性）、用户选择互联网金融产品的原因（收益高）、用户不选择互联网金融产品的原因（风险大）、用户设备选择（PC端、移动端以及各自的占比）等。

②**用户画像：**用户画像既不能太粗，也不能太细，需要具有代表性。以下是用户画像案例。

> 张三
>
> 年龄：28岁
>
> 职业：运营经理
>
> 婚育情况：已婚，有子女
>
> 平时工作比较忙，闲暇之余喜欢看电影、打篮球、摄影、旅游。喜欢玩股票，常常关注东方财富和新浪财经。

习惯用信用卡和支付宝购物。

由于前不久喜得贵子，家庭支出变大，最近压力变大。

对互联网金融产品期望：希望活取活用，资金安全性较高，且收益率比储蓄高。

③**使用场景**：用户在什么场景下了解你的产品，又在什么场景下使用你的产品。

例如：张先生和朋友聊天，感叹最近生了儿子，用钱的地方比较多，但是股市又萎靡不振。他的朋友推荐他一款理财产品，在朋友的推荐下，他决定晚上回去看看。

④**用户动机总结**：对用户进行总结，分析用户的痛点有哪些，用户的现状是什么样。

举例：

a. 通过对使用场景的分析，使用 P2P 产品的用户也使用其他理财产品，对理财有比较全面的认知。

b. 用户在获取信息时容易受到周围人的影响，并且对于初次接触的产品比较谨慎。

c. 用户使用产品的最大收益是收益率。

（5）竞品分析。

①**竞品分析对象**。

直接竞品。这种竞品在产品定位和商业模式上和你的产品都一样，是你的直接竞争对手，它的交互、产品框架、视觉设计、运营模式等都对你具有很高的参考价值。

间接竞品。重点描述间接竞品的产品定位、目标用户、商业模式等。

②**竞品的模式分析**。

竞品商业模式。就是指竞品如何盈利、如何赚钱，是对直接竞品内容的详细展开。

竞品目标用户。各个竞品根据产品定位、推广方式和覆盖地区的不同，目标用户不一样。

竞品运营、推广、营销策略。从运营、推广、营销等维度分析产品迭代策略。

技术分析。分析项目研发可能遇到的技术壁垒，如人工智能、语音图像识别等。

市场份额。从不同角度了解竞品的市场情况，例如：可以通过Alexa网站了解流量排名，以及各大应用市场的安装量、活跃用户、地区分布、用户增长率等。

（6）产品需求概况。

①**产品定位**：描述产品定位的市场，语句应尽量精简明了。

②**产品核心目标**：主要描述产品解决了用户的什么需求。例如：解决用户短期借款需求、解决用户对高收益率和安全性理财产品的需求。

③**产品结构**：主要描述产品的主要流程与结构。

④**产品路线图**：根据产品的定位和每一个时期的目标，按照功能来划分优先级。例如，某产品3月定位为基本投资充值购买功能，4月定位为邀请好友活动功能，5月定位为社区功能。

⑤**产品功能性需求**：例如注册登录功能、充值功能、提现功能、购买功能、留言功能、修改密码功能等。

⑥**非功能性需求**：主要描述系统特性，包含有效性、扩展性、安全性、健壮性、兼容性、可用性、运营需求等。

▷ 5.5.3 面试题：PRD 包含哪些内容

1. 什么是 PRD

PRD 是 Product Requirement Document 的缩写，指产品需求文档。产品需求文档的用途如下。

- 稍微大一点的团队产品经理未必能向每个人传达产品需求，这就需要 PRD 以文档的形式来向项目的所有成员传达需求。
- 由于产品经理经常会变更需求，所以程序员就想到用一个文档来约束产品经理。
- 测试人员需要根据产品需求文档来验收产品质量。
- 当你的项目有新人进入的时候，可以让新人更快地了解产品。当你离职的时候，继任的产品经理也可以根据你的文档来熟悉产品迭代的内容。

2. PRD 的组成部分

（1）文档产品名称。

文档产品名称里面有几点是必须要写的：

- 文档的状态（草稿、正式发布、正在修改）。
- 当前版本，尤其是版本修改很多的情况下。
- 文档密级（分为普通、机密、绝密）。比如使用手册是普通级，产品没有上线前写的文档属于机密级，银行项目、国家级项目、就是绝密级。

（2）版本历史。

版本历史中要写明变更的版本，然后是修订日期、原因、修改情况描述、修订人。同时修改的部分需要高亮显示，用不同颜色的字体标出来，这样别人容易找。

（3）目录。

写文档需要有目录，一般在 word 中使用"引用—插入目录"即可。

（4）文档介绍。

主要介绍文档的目的、文档面向的主要用户、读者对象、参考文献、术语与缩写解释等。

（5）产品概述。

从大的方向讲讲项目的相关背景，有什么目标、有没有竞品对象，阶段性计划是什么，传递做这个需求的目的是什么，让项目开发人员对你的项目背景有所了解。程序员知道得越多，做起项目来越有方向性。如果业务比较复杂，最好用业务流程图来解释一下。

（6）产品需求。

产品需求就是功能清单、系统模块。

例如某产品一级菜单是首页，二级菜单显示首页上有哪些模块（如注册入口、广告 banner、投资人数、黄金体验标等），然后黄金体验标是可以点击的，点击后出现的就是三级菜单。

（7）产品结构图。

产品结构图也称作脑图，一般用 Xmind 或者 MindManger 来制作。其主要内容如下。

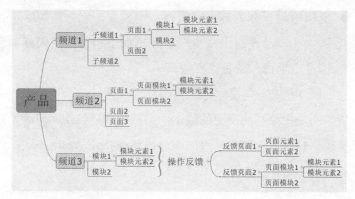

①频道：某一个同性质的功能或内容的共同载体，也可称为功能或内容的类别。比如首页、理财、"我的"等。

②子频道：某频道下细分的另一类别，比如理财页下不同的子频道。

③页面：单个或附属某个频道下的界面，点击进入详情。

④模块：页面中多个元素组成的区域内容，可以有一个或多个，也可以循环出现（例如文章列表）。

⑤模块元素：模块中的元素内容，以理财为例，有产品详情、信息披露等。

下图是 PMcaff 产品结构图。

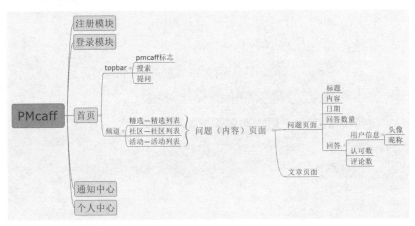

（8）全局功能说明。

①打断后重新打开 App 说明，案例如下图所示。

返回桌面/临时接入电话	继续显示原来的页面
异常关闭/闪退/崩溃	启动页
临时出现短信/其他通知	不处理

②点击空白区域或无网络情况说明。这一点对于比较耗流量的 App 来说比较需要，案例如下图所示。

点击页面空白区域	如果当前有软键盘，就向下滑动隐藏键盘
用户无网络时	弹出Toast 内容："请您检查网络" 提示时间：3秒
非Wi-Fi情况	弹出提示框 标题："系统提示" 内容："当前非WIFI网络，请注意会消耗手机流量" 按钮："确定" 用默认弹窗即可

③**页面内交互说明**。例如：

选择类提示框均用系统自带的提示框，操作按钮"确定"在右，"取消"在左。

Toast、Alert 控件显示效果：淡入淡出。

④**键盘类型说明**。例如：

点击"密码、邮箱、验证码"输入框时，弹出字母键盘。

点击"手机号"输入框时，弹出数字键盘。

⑤ **页面间交互说明**。案例如下图所示。

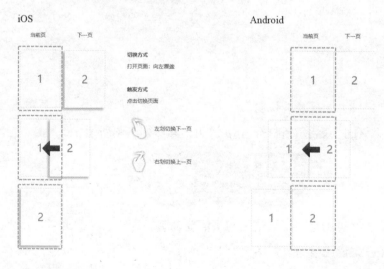

（9）产品详细功能说明。

一般用用例表来说明产品详细功能。以登录注册模块为例（右图），有流程图的话，首先把任务流程图画出来，然后是用例表，用例表包含简要说明、行为者、前置条件、后置条件、功能说明、备注。功能说明一定要排版简洁、层次清晰，且无遗漏。

（10）非功能性需求。

非功能性需求主要包含性能需求、适配需求、环境需求、统计需求、预留接口等。

（11）相关文档。

如果一个项目由多个团队完成，那么多个需求文档须协同合作。如一个 UGC 社区分为 PC 端社区和 App 端社区，这需要不同的研发团队，所以需求文档会拆分为 PC 端需求文档和 App 端需求文档。

（12）上线需求。

设计什么时候完成、什么时候测试、具体的上线时间、具体的流程需求等。

扫码看大图

注意：没有所谓的标准文档，只要你能把需求讲明白，使产品尽快上线抢占市场，那么你的产品文档就是合格的。之所以总结出以上这些条目，是为了帮助你把产品需求表达清楚，仅此而已。

▶5.6 产品设计

▷ 5.6.1 面试题：如何改进一款产品

面试官问这个问题，主要想考察两个点：

（1）你分析问题的思路是否正确。

（2）你说话是否有条理。

回答思路：

（1）明确问题。

明确产品现在遇到的问题，把产品现在遇到的问题列出来，然后分好优先级，逐一进行改正。

以抖音为例，抖音现在有两个问题：①内容同质化严重；②社交短板。

对于内容同质化严重，原因有两点。①社交推荐算法导致审美疲劳。头条系最大的特色就是社交推荐，社交推荐导致你喜欢某一类视频，系统就会不断地给你推荐同一类视频，长此以往，必然会审美疲劳；②跟风模仿严重。一个热点出来之后，大家一窝蜂地跟进模仿，也导致了同质化的严重。

对于社交短板，用户刷抖音的时候，更多关注内容而不是视频主，视频主和粉丝之间的联系很弱。有的时候用户虽然关注了某个视频主，但刷推荐视频的时候，很少能刷到关注的视频主制作的视频。这样导致视频主和粉丝之间的黏性很弱，关系链构建不起来。

（2）提供改进方案。

明确问题之后，我们就需要提供解决方案了。这个时候你可以提供不止一套解决方案，然后说清楚每套方案的优缺点供面试官选，这样做同时也体现了你的发散思维。

比如：针对抖音内容同质化比较严重的问题，可以配合人工审核加文案审查的形式（如果视频文案内容类似，可判定是同质化内容），对同质化的内容进行审核处理。

这样做的缺点：需要付出大量人力成本。

这样做的优点：审核内容更精确，同时可以过滤一些政治敏感话题。

针对社交短板问题可以增强视频主和粉丝之间的黏性。比如通过及时提醒、信息流等手段，提醒用户该去看你关注的视频主了。

这样做的优点：增强粉丝和视频主之间的黏性，更利于构建关系链。

这样做的缺点：会弱化分发概念，导致流量都往头部账户倾斜。

（3）列出评估解决方案好坏的关键性数据指标。

你的方案是否解决了遇到的问题，需要提出关键性数据指标。

还是以抖音为例，可以看一下同质化的视频数量是否减少、用户的使用时长是否增加、视频主和粉丝之间黏性是否提高、粉丝观看视频主的视频次数和时长相较之前是否有增加等。

这一步，可以根据你上一步提出的方案，列出具体关键性数据指标供后期评判。

（4）收集数据和用户反馈，进行迭代。

产品上线后，需要收集关键性数据进行分析，同时收集用户反馈，进行需求分析，进入迭代，不断打磨该功能。

▷ 5.6.2　面试题：你是如何进行产品改版的

这道题有很多变种，比如："如果产品要做改版，如何做？""如何判断改版方向是否正确？用什么方式进行评判？"

首先我们来对这个题目进行分析，这道题目的考查点是产品改版、决策评估和产品分析。

互联网产品总是处于持续的版本迭代中，用户体验的不断优化，需要通过版本的迭代来完成，随着新技术和新的交互规则的不断涌现，保持产品的功能迭代速度也是必要的，而为了引领或者跟上行业发展，阶段性地发布改版，确实可以带来更强的竞争优势，一般来说，产品改版是为了给用户提供更好的体验，千万不要主观而盲目地进行产品改版。

产品改版有以下 4 种需求来源：

（1）用户调研和用户反馈分析；

（2）数据分析；

（3）团队的成员（包括老板、运营部门、市场部门和技术部门）提的需求；

（4）自己对产品的思考和重构。

在产品改版前和改版后，产品改版的评判方式有以下区分。

（1）改版前。改版前主要用以下 3 点来进行评定。

①意见收集。集中分析和处理用户的各种反馈，整理和概括出用户抱怨比较多的功能模块、页面布局。

②数据分析。通过监测页面各模块的点击数，计算各模块的用户黏性，从而发现需要重构的点。

③用户调研。从用户的角度出发，去引导其阐述他们在产品中

想要做的事情和遇到的困难。

（2）改版后。改版后主要从以下 4 点进行评定。

①数据分析。

- 整体流量分析：从流量趋势变化、来源构成、去向分布变化等角度来分析，注意观察流量变化的背后原因，但需要注意的是，需要排除改版后顺势而推的运营活动造成的流量短期增大的现象。

- 用户黏性分析：从用户流失率、留存率、访问天数分布等指标来分析。

- 页面效率分析：分析页面的点击效率（包括整体的和各分页面）、点击黏性、改版前后各页面的人均点击次数差异等指标来进行分析。

②用户反馈。

- 通过用户调研、微博用户反馈、产品反馈等途径，收集用户对新改版页面或功能的满意度、口碑及评价，并找出可以继续优化的点。

- 通过眼动测试（通过视线追踪技术监测用户在看目标时候的眼睛运动和注视方向，并进行相关分析的过程，过程中需要用到眼动仪和相关软件）和可用性测试，了解用户对改版后页面以及功能的使用情况。

③行业反馈。业内人士访谈是很有用的方法，竞品的改版动向也是侧面反映产品改版效果的一个方面。

④商业价值。商业价值的提升也是改版成功与否的关键因素，需要对数据指标、收入来源、实际收入对比等方面综合考量。

▷ 5.6.3　面试题：如何根据用户场景进行设计

1. 什么是用户场景

用户场景是什么？是由时间、地点、人物、欲望、手段五要素所组成的特定关系。在某时（when）某地（where），特定类型的用户（who）萌发了某种欲望（desire），会想通过某种手段（method）来满足欲望。详细解说如下。

（1）时间因素：考虑用户使用产品的时间，是白天还是夜晚？是工作的时候还是开车的时候？

比如网易云阅读白天展示浅色模式，夜晚展示黑色模式，夜晚的模式能更好地满足用户躺在被窝里看书的需求。

（2）地点因素：考虑用户使用产品的地点，是在北京还是在上海？是在家里还是在公司？是在地铁上还是在公交车上？

比如百度地图就根据你所处的不同位置，给你推送周边的相关服务。

（3）人物因素：考虑使用该产品的用户是谁。比如红米的老人机模式为了照顾老人的浏览习惯，重置交互，字体图标变大；淘宝根据你之前浏览的记录给你推荐相似的产品；大众点评根据你之前浏览、收藏、搜索、买单的消费行为，推荐相似口味或价格餐馆等。所有这些设计都是考虑了人物的因素。

（4）欲望因素：欲望也就是用户的需求。比如下雨天，走出地铁站忘记带伞的用户有买伞的需求。这个需求分析一定要到位，不然产品方案就不靠谱，也就是我们常说的伪需求。

（5）手段因素：如何解决需求。比如上述下雨天没带伞，可以买把伞，可以买一件雨衣，甚至把外套顶在头上，这些都属于手段，从产品的角度来说手段就是产品需求。

2. 为什么要进行场景化设计

（1）辨别需求真伪。

用户场景和用户需求本身是密不可分的，用户需求只有出现在用户场景下才是一个真实的需求，相应的，满足场景下用户需求的功能才是我们真正要做的功能。产品经理在日常的工作中往往会收到来自各方的需求，某个需求是否靠谱，就可以从用户场景进行判断。

（2）考虑用户如何使用产品。

放到场景中更容易考虑用户的操作行为，这可以让产品的用户体验变得更好。

比如苹果手机针对接电话这种需求，为什么要设计滑动接听和点击接听两种交互形式呢？如果我们放到场景里去就好理解了。

手机锁屏时可能被放在口袋里，如果是点击接听来电，很容易误操作，滑动的话就可以避免这个问题。手机不是锁屏的时候，说明用户正在玩手机，这个时候点击接听来电这种交互形式比滑动更省时省力。

这就是在场景中考虑用户如何使用产品。

（3）帮助理清强弱场景。

场景是有强弱的，比如下雨天没带伞，这个场景就不太经常出现，不可能每天都下雨，也不可能每次下雨都不带伞。但有些场景就比较常见，比如挤地铁，这是上班族每天要干的事情。

3. 用户场景指导产品设计

（1）明确用户目标。

用户场景可以帮助我们去明确用户的目标，了解在对应场景下用户想干什么。

（2）观察用户操作行为。

用户场景对于用户操作的影响是非常大的，比如在拥挤的地铁里，因为需要扶着栏杆，用户使用手机一般是单手操作，这种操作方式就和我们在家里或办公室里的操作行为不一致，在家里或办公室里一般用双手操作。

（3）洞察用户心理。

只有我们在相应的用户场景里面把自己代入，才能够更好地洞察用户的内心。

▶ 5.7 项目管理

▷ 5.7.1 面试题：项目延期如何解决？怎么避免项目延期

1. 项目延期怎么办

无论是产品经理还是项目经理，最讨厌的一个词汇就是项目延期，虽然在项目排期的时候，已经给自己预留了一定的时间，避免项目紧张，但是还是因为种种原因导致项目延期。项目延期不可怕，可怕的是没有对策。今天我们就讲讲产品经理面对项目延期时候的策略。

（1）确认需求。遇到项目延期的时候，首先要确认需求，最好能让参会方将需求口述一遍，以达到双重确认。

（2）筛选需求。当项目延期的时候，考虑一下你这个版本的目的是什么。比如想要拉新，那就把不是拉新的功能砍掉；如果你的版本目的是用户体验优化，你最想让用户体验到的地方是什么？需求筛选完成以后，那就在现有的时间压力下，全力以赴地完成必要的需求。

（3）了解原因。了解原因，才能对症下药。是技术门槛比较高，技术人员前期调研花费了大量的时间？是技术人员对需求优先级没有掌握好，为了不重要的功能花费了大量的时间？还是技术人员对功能理解有误，在错误的道路上花费了大量的时间？有些原因虽然不能立马解决，但是可以在项目总结的时候提出来，作为经验吸取教训。

（4）同步信息。如果项目延期了，一定要提前跟大家同步信息，最重要的是要让老板知道。把项目进度和延期的原因跟大家说清楚，并给大家一个新的排期。

2. 如何避免项目延期

（1）避免需求变更。保障产品文档质量，避免需求变更导致的项目延期，前期的沟通评审功课做足。

（2）避免插入临时需求。项目一旦启动开发之后，避免临时插入项目需求，能在之后版本解决的尽量在之后版本解决。

（3）合理评估时间。尽量不要把每个任务的节点都卡得很死，可以留一些缓冲，这样才不容易出现项目风险。

（4）每日站会。团队每个工作日举行站会，回顾昨天做的工作，布置今天要做的工作，分析团队成员在工作中是否出现问题，是否有需要协助的地方。如果发现需求延期的风险出现，想办法解决这个风险。

（5）文档共享。建立一个内部网络空间，所有文档资源统计存放，供团队成员共享。

（6）周会。每周开周会，总结当前阶段的得与失，并部署开展下一阶段的工作，有风险出现的时候，大家讨论解决。

（7）建立标准和制度。实行奖惩措施，标准和制度很重要。

▷ 5.7.2　面试题：你是如何做项目进度管理的

1. 产品经理为什么要管理项目进度

大公司可能会有专门的项目经理去进行项目进度的把控，初创型的小公司可能是 CTO 兼任，但是 CTO 可能在开发的过程中为了尽快上线砍需求，最后做出来的东西质量堪忧。一个项目，应当有明确的开始和结束时间，有明确的质量监控和要求，有明确的投入和产出预算，这些是项目管理的核心。这也应该是产品经理的责任——如果产品经理不考虑时间，怎么能够按时上线产品？如果他不关注质量，怎么能够推出受用户欢迎的产品？如果他不考虑投入产出比，就有可能浪费公司大量的人力、物力和时间。

2. 产品经理如何管理项目进度

（1）提前规划一两个版本。

产品的迭代是有一条循环的流水线的：需求发掘—版本规划—原型策划—原型评审—UI 设计—开发—测试—发布。一般而言，为了效率最大化，我们都会争取做到相邻的两次迭代之间能够无缝对接。也就是流水线上每一个环节的人在完成了当前版本的工作后，就能立即执行下一个版本的需求。

产品提前规划有个好处，就是当你觉得技术在当前版本开发有余量的情况下，可以将之后版本的需求拿到当前版本进行开发。

为什么不提前规划5～6个版本？一般来说一个月迭代两个版本已经算快的了，提前规划5～6个版本，就相当于提前把3个月以后的事情规划了。互联网瞬息万变，这样规划显然是跟不上市场变化的。

（2）明确每个版本迭代的目标。

每个版本迭代都是有目标的，例如互联网电商产品的目标可以分为：拉新、留存、转化、销售。所以你规划的时候就要考虑这个版本的主要目标是这四个当中的哪一个。

这样做的好处就是，在你项目时间不够的时候，能够轻易地做出取舍。例如：资本寒冬的时候，推广成本居高不下，这个时候你下个版本的主要目标是留存，那么当你项目实现不了，需要砍需求的时候，你就可以把不相关的需求砍掉，确保你的项目顺利上线。

（3）最小化产品原则。

最小化产品原则需要你在规划版本的时候考虑产品功能的延展性，需不需要在一个版本里面把所有的功能都做完，可不可以分几个版本迭代来实现。例如你规划一个金融社区，前期可以只做用户单点评论功能，在以后的版本再做用户和用户之间的互动。

最小化产品原则不仅可以快速验证市场，也能更好地控制项目的开发周期。

（4）产品经理要深思熟虑。

很多时候产品经理在规划产品的时候有些异常情况没有考虑清楚，导致技术人员在开发的时候需要不断地找产品经理确认，无形中增加了沟通成本，延长了开发周期，尤其在沟通不顺畅的情况下。

这就要求产品经理不要急着发布文档着手开发，一定要深思熟虑、考虑周全。这样做有两个好处：①增加你在开发人员心目中的威信，更利于在工作当中的沟通；②开发过程中你会很轻松，不会有开发人员不断地找你确认需求，有利于项目的快速进行。

（5）制订明确的项目管理计划。

第一，需要明确目标。项目什么时间封包、什么时间上线，要有一个一致的目标。

第二，制订详细计划。有了明确的目标以后就需要制订开发计划。产品出需求需要多久、设计需要多久、开发需要多久、测试需要多久，出一个时间节点计划。

这样做有三个好处：①给各个部门一些压力；②老板确认项目进度的时候有据可查；③你自己对项目进度也有一个大概的了解。

项目进度管理表如下图所示。

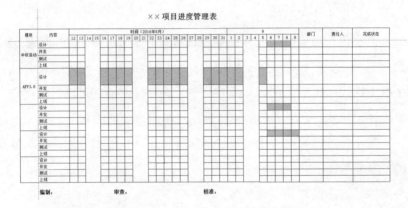

（6）项目进度审查。

项目进度计划做好以后，可以把项目分配给每个人，但是你不能保证每个人都能在时间点之前完成任务。产品经理可以每天举行几分钟的站立会议，了解一下项目的进度，是否会有延期。如果延期，原因是什么。如果是不可抗因素，则重新评估开发的进度计划；如果是可抗的因素，则要求在后续想办法赶上原计划的进度。

如果不实行每天的站立会议，可以分为两次审查。第一次审查主要看进度是否跟得上，如果跟不上是及时调整还是需要加把劲追赶。第二次审查主要是评估哪些问题可以暂时搁置，哪些问题必须解决。

（7）敏捷开发的 PRD。

这里所说的敏捷开发的 PRD 是指"原型＋标注"形式的文档。冗长的 word 文档不仅耽误你自己的时间，开发人员也不一定会看，即使看了，也不方便。开发人员一般直接照着产品原型来开发，这个时候就需要你有一个敏捷开发的 PRD。

敏捷开发的 PRD 包含版本迭代历史、功能列表、异常情况的说明、全局结构图和重要的流程图、第一次出现的名词解释，这些不能少，否则你的 PRD 就不完整。

（8）使用团队协作工具。

良好的团队协作工具能够减少团队成员之间的沟通成本。市场上的团队协作工具不少，找一个适合自己团队目前状况的，团队成员大多数都用过的。团队协作工具大同小异，基本上都可以满足你的团队协作需求。

（9）有变化及时沟通。

项目在做的过程中难免会出现变化，变化不可怕，可怕的是变化之后其他成员不知道。人少的时候，同步变化其实不是什么困难的事情，但人多的时候就有难度了。虽然很多协作工具都有文档更新通知，或者文档本身就有修改记录，但很多人会忽略这些变动。在同步变化上，除了确保文档及时修改，告知相关设计师、工程师和测试人员以外，建议单独召集各平台的主管进行简单的站立会议，提醒其确认变更是否已安排执行，同时也相当于交接了监管的责任。

▷ 5.7.3　面试题：项目管理如何保证按时上线

（1）需求确认时，要把所有用户场景考虑到；和业务方确认清楚，防止后期业务需求频繁变更。

（2）需求评审时，稍微复杂点的需求不要只讲一遍，确保技术人员能听明白。技术人员提出的问题要进行整理。

（3）需求排期时，将目标量化，在进行项目管理时，数字可以有效地反映项目进度和项目成果，可以避免推卸责任；明确技术、开发、测试同事做好排期，要求排期应详细到每天做什么。

（4）项目开发时定期跟进，确认当日开发任务的完成情况，跟进项目进展到哪一步，避免在项目的最后发现需要推翻重来的现象。

（5）如果在开发或者测试阶段，发现项目大概率会延期，为确保产品能够如期上线，可以根据迭代目标灵活砍掉部分不重要或不紧急的需求。

▶ 5.8 ▷ 数据分析

▷ 5.8.1　面试题：你是如何做数据分析的

1. 明确目的

做任何事情都要有目的，数据分析也不例外。主要通过用户、需求、场景来拆解数据分析目的。

（1）用户。

①内部用户。数据分析需求可以源于公司内部，比如公司内某

部门需要对产品下单环节每一步骤的 UV 做统计，从而制作漏斗模型，优化产品设计。这就需要相关部门人员去找 BI 团队，拉取相关数据。

②外部用户。一些外部用户没有某一行业的数据，但他又需要了解这个行业的用户和市场，而你由于自己的产品定位或者资源，具备相关数据，从而可以做出数据产品，供外部用户使用。

（2）需求。

用户想通过数据达到一个什么样的目的？是提升相关业务指标还是发现问题？只有明确需求才能制定合理的数据分析思路。

（3）场景。

场景指数据分析的场景。比如上述某部门想知道用户下单环节的每一步骤的 UV，这就是场景。根据场景去定义问题，梳理数据分析思路，选择数据分析的方法。

2. 数据收集

一般情况下，每个公司都有自己的服务器和数据库。如果你要去提取这些数据，需要会一些简单的 SQL 语言，这一点是非常重要的，因为数据收集的程度和准确性往往就决定了数据分析结果的可靠性和有效性。

3. 数据预处理

数据收集好以后，我们需要对数据做一些预处理。千万不能一上来就用它做一些算法和模型，这样做出来的结果是不具备参考性的。很多数据会有问题，比如遇到异常值或缺失值，我们都需要对这些数据进行预处理。

4. 数据分析

在对数据进行简单的加工以后，就需要去做一些数据分析了。

（1）异常分析。发现异常情况，找到出现异常现象的原因。

（2）关联分析。寻找事物之间的关联，一个耳熟能详的例子就是"啤酒与尿布"的问题。挖掘事物内部的关联，对于制定精准营销策略具有指导意义。

（3）分类、分层。通过用户特征、用户行为对用户进行分类、分层，形成精细化运营、精准化业务推荐，进一步提升运营效率和转化率。

（4）预测。根据历史数据和分析技术（如统计建模和机器学习）对未来结果进行预测。预测分析科学可以以很高的精度形成对未来的见解。

5. 数据表现

即数据可视化，把数据结果通过不同的表和图形，可视化展现出来。常见的数据可视化工具有 Excel、Power BI 系统，也可以是你公司自己开发的一套 BI 系统。

6. 数据报告

经过上述一系列的步骤，得出了哪些结论？可以采取哪些优化措施？这些都需要以数据报告的形式呈现。如果数据结果不可靠，此时我们首先需要检查数据分析方法是不是有问题；其次，确认数据是否进行过加工处理。最后，确认数据收集得是否可靠。这就需要具体问题具体分析了。

▷ 5.8.2　面试题：数据分析方法有哪些

1. 趋势分析

当数据很多，而我们又想从数据中更快、更便捷地发现数据信息的时候，就可以借助 Excel 或者其他画图工具把数据呈现出来。这就是趋势分析，趋势分析一般用于核心指标的长期跟踪，比如点击率、GMV、活跃用户数等。一般做成简单的数据趋势图，但光制作成数据趋势图还不算分析，必须指出数据有哪些趋势上的变化、有没有周期性、有没有拐点，并分析背后的原因（内部原因还是外部原因）。

趋势分析最好的产出是比值，有环比、同比、定基比。比如 2023 年 4 月比 3 月 GDP 增长了多少，这就是环比，环比体现了最近变化的趋势，但有季节性的影响。为了消除季节性的影响，推出了同比，比如 2023 年 4 月比 2022 年 4 月 GDP 增长了多少，这就是同比。定基比就更好理解，就是固定某个基点，比如将 2023 年 1 月的 GDP 数据作为基点，定基比则为 2023 年 5 月和 1 月 GDP 的数据比。

2. 用户分群

比如电商网站，我们可以专门分析收件地址为上海的用户群特征。就好像不同的地方人群有不同的饮食习惯一样，不同地区的用户肯定也有自己的群体特征。通过把这部分人群提炼出来，我们可以观察他们购买产品的频度、类别、时间，这样就可以创造出该群体的用户画像。

将用户按照不同维度进行细分，可以进行精细化运营。比如可以把营销活动中支付失败的用户收集起来，分析他们支付失败的原因，优化产品设计。然后给他们发优惠券，进行精准的营销推广，提高转化率，增加营收。

3. 对比分析

横向对比：跟自己比。拿我们最常见的数据指标——销售额来讲，最常见的数据指标就是需要跟目标值比，来确定我们有没有完成目标。

纵向对比：跟他人比。我们要跟竞争对手比，来确定我们在市场中的份额和地位是怎样的。

常见的对比应用有 A/B 测试。A/B 测试有以下 3 个必备的因素：

（1）A/B 测试的关键就是保证两组中只有一个单一变量，其他条件保持一致。比如测试首页的改版效果，就需要保证来源渠道、用户质量、上线时间相同，这样测试出来的数据才有意义。

（2）有足够的时间进行测试。

（3）数据量和数据密度较高。因为当产品流量不够大的时候，做 A/B 测试得出的结果也是不准确的。

4. 象限分析

依据数据的不同，将各个比较主体划分到 4 个象限中。

举个例子，一般 P2P 产品注册用户都是有第三方渠道引流的，如果按照流量来源的质量和数量可以划分为四个象限，如下图所示。然后选取一个固定时间点，比较各个渠道的流量性价比，对于高质量高数量的渠道继续保持，对于高质量低数量的渠道扩大引入数量，低质量低数量的渠道淘汰，低质量高数量的渠道更改一下投放的策略和要求。这样的象限分析可以让我们有一个非常直观和快捷的结果。

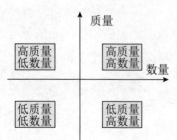

5. 细分分析

细分分析的主要作用就是从多个维度细分数据，从中发现最为相关的维度来探索数据变化的原因。常见的维度如下：

（1）分时：不同时间段数据是否有变化。

（2）分渠道：不同流量来源数据是否有变化。

（3）分用户：新注册用户和老用户相比是否有差异，高等级用户和低等级用户相比是否有差异。

（4）分地区：不同地区的数据是否有变化。

6. 漏斗分析

漏斗模型在数据分析中很常见，常见的有注册转化漏斗、下单支付漏斗等。通过漏斗分析可以还原用户转化的路径，分析每一个转化节点的效率。

漏斗模型中我们往往关注以下 3 点：

（1）整体的转化率是多少，即每一步相对于第一步的转化率是多少。

（2）上一步转化率，每一步相对于上一步的转化率。

（3）哪一步流失最多，流失的原因是什么，流失的用户都有哪些特征。

7. 留存分析

在人口红利消退的年代，留住老用户的成本远远低于获取新用户的成本，所以可以重点关注用户的留存事宜。比如可以通过分析用户行为和留存之间的关系来提升留存。比如 Linked in 就发现当用户添加 5 个以上的联系人时，留存率显著提高。

8. 归因分析

归因模型主要用于渠道的分析，目的在于找到有利的渠道，然后扩大合作。

归因分析模型分为以下几类：最终互动模型、首次互动模型、线性归因模型、时间衰减归因模型等。

假设有如下情景：用户在淘宝上想买东西，最后没买，过几天又在线下实体店看到，这次终于下定决心购买，最终完成转化。该情景的归因分析模型如下。

最终互动模型：最后一个节点被分配 100% 的功劳，案例中线下实体店获得 100% 的功劳。

首次互动模型：用户首先是在淘宝上看到的产品，那么淘宝将被分配 100% 的功劳。

线性归因模型：用户从开始搜索到转化，共经历了 3 个节点（渠道），那么每个节点将被平均授予 33.3% 的功劳。

时间衰退归因模型：用户在淘宝两个商家看到商品是几天之前的事情，那么这两个渠道因为时间经历比较长，将被分配较低的功劳（如各 20%），实体店将被分配相对较高的功劳（60%）。

▷ 5.8.3　面试题：不同产品的核心指标有哪些

（1）电商类产品：电商的本质是做买卖，所以我们能看到很多电商产品总是宣传自己的 GMV 是多少。GMV 指网站的成交总额，主要包括付款和未付款的金额。通俗来说，我们平时网购会进行下单，产生的订单中往往会包括付款订单和未付款的订单，而 GMV 统计的就是二者之和。电商平台给出的计算公式是：GMV= 销售额 + 取消订单金额 + 拒收订单金额 + 退货订单金额。

（2）社交、社区类产品：社交和社区类产品都是以人的关系为纽带，所以活跃用户数和留存用户数可以作为核心数据指标。

（3）音 / 视频类产品：音视频的变现方式主要来源于广告，所以停留时长可以作为核心数据指标。

（4）游戏类产品：在线人数反映了游戏的人气，决定了变现的空间，所以平均在线人数可以作为核心数据指标。

（5）金融类产品：金融类产品本质是金融资产的销售，所以可以把用户投资额作为核心数据指标。

▶ 5.9 沟通交流

▷ 5.9.1　面试题：跟甲方沟通需求有哪些注意的地方

（1）深入了解对方的业务、主体和使用流程。

（2）比起用户体验，要更加关注决策者是否买单，而决策者最关注的是系统稳定性、安全性、兼容性，要在沟通中体现这些优势。

（3）告知客户做好预案，提前预防系统不稳定带来的损失，给人安全感。

（4）成本思维。替企业用户考虑能否降低成本。

（5）尽量提供完整的使用培训或手册。

（6）多边沟通，跨部门沟通。

（7）反复沟通需求，多次确认。

▷ 5.9.2　面试题：产品方案开发人员说实现不了，作为产品经理该怎么办

我们要找到开发人员说这句话背后的真正目的，对症下药，这

也是对开发人员的反馈进行需求分析。

首先，作为产品经理我们一定要懂技术，这样开发人员说实现不了的时候，我们就可以先判断是开发人员真的实现不了，还是因为其他原因才说的实现不了。那产品经理需要懂哪些技术呢？前端的话了解一些 HTML、CSS、JS、安卓和 iOS 开发语言，后端了解一些 PHP、SQL、MySQL 等，当你了解这些技术的时候，你就具备了一定的技术思维，这个时候你设计产品方案就不会天马行空，而会考虑一下技术上的可行性。

其次，如果是开发人员不愿意做，那也要明白你们之间关系紧张的原因。是因为你不专业，老是改需求，导致他做很多无用功？还是侵犯到了他的其他利益？如果是这种情况，我们首先要增强自己的专业能力，不能老是改需求，尤其是因为产品经理自身的原因更改的需求。如果自己一开始无法想得很全面，可以在写完文档后，让技术同事帮你确认一下，看看有没有自己没想到的地方，争取逻辑无遗漏。当你很专业的时候，开发人员一般也不会刁难你。

还有一种情况是你的产品方案实现起来难度比较大，现有的技术框架和需求之间有矛盾，如果按照你设计的产品方案，整体的技术框架需要较大的改动，开发人员不愿意给你做。这个时候你可以主动和开发人员探讨一下，看有没有既满足用户需求，又对框架改动比较小的方案。

如果开发人员因为能力有限，自己做不出来，却告诉你实现不了，那你可以把你的方案以邮件的形式发送给相关的技术工程师评估一下，主要是评估实现难度以及开发周期，对于技术上无法实现的需求，也让他标出来并说明原因，同时邮件抄送对方领导。这个时候因为有书面证据，不好信口开河，一般会根据实际情况执行。

此外，产品经理平时要多和开发人员沟通，互相站在对方的角度考虑问题，平时也要多加强私底下的相处，彼此多多联络，加深感情，这也有利于产品经理的需求推进。

▷ 5.9.3　面试题: 如果上司交代你的任务你肯定完成不了，你会如何处理

这道题考查面对工作中的实际问题时的应对能力，解决问题一定要有多个方案，一来是让决策者有的选，二来是其中一个方案遇到质疑时能够立马换新的。切忌只提一个方案。同时要对各个方案的特点、成本和风险有个基本的概括，选择一个衡量点进行推荐度排序。

在回答的过程中，还要展现出你处理工作问题的思维模式，即你的应对原则，如果能在回答的前面就提出自己的思路最好，如果一时总结不出，可在回答过程中迅速归纳，在回答结尾处再提及。

所以本题可以按照以下 3 步来回答：第一，提出自己的多种解决措施；第二，细致分析各种措施的优缺点；第三，明确自己推荐的解决方案。

我的解决方式有以下几种：

（1）向同事寻求帮助。

优点：同事熟悉业务，上手快，泄露公司秘密的可能性低。

成本：需要平时和同事处好关系。

风险：如果和同事交恶，你的求助可能会成为不好的历史，特别是在你带领团队完成任务时，求助他人产生的舆论伤害可能会危及你带的团队。

收益：从收益角度看，这个应该是最可靠的。

（2）向同行业、非同公司的人寻求帮助。

优点：人情成本低。

成本：沟通成本大。

风险：易泄密。

收益：更有利于自己。

（3）雇用合适的人来完成。

优点：效果比较可控。

成本：沟通成本大。

风险：易泄密。

选择哪种方式要具体情况具体分析，如果是一些很平常、不涉及商业秘密的任务，完全可以找外援。总之解决方案的选择是各种因素权衡比较之后的结果，各种因素包括公司的利益、任务的最终成果、上司承担的风险、解决成本、自己的舆论、给上司的印象等。

同时在解决问题的过程中，一定要多思考为什么完成不了任务？是前期计划不合理，还是执行有问题？这个习惯有利于找到症结后迅速打开局面，同时也能让自己知道问题的源头，从而规避相同情况的发生。解决问题后要进行复盘，该惩罚就惩罚，要坦然面对，最终要确保下次不会出现同样的问题。

▷ 5.9.4　面试题：你做了哪些事情来提升自己的沟通能力

可以先跟面试官强调沟通能力的重要性，然后再说你为了提高沟通能力做了哪些事情。

　　比如你可以这样说：我觉得对于产品经理来说，沟通能力很重要，产品经理的沟通能力决定了项目的推进速度，决定了团队的合作氛围，决定了需求的落地程度。

　　正是因为沟通能力如此重要，所以我在工作和生活中，也在有意识地加强这方面的锻炼。生活中我喜欢看一些演讲和辩论类的节目，比如奇葩说，节目中正反辩手会利用一些理论和数据去说服对方，这些值得我学习借鉴，比如产品经理可以在项目开发和产品培训的过程中，利用一些理论和数据去和开发、运营人员进行沟通，我相信，这种沟通方式更有利于项目的推进。

　　此外，我会主动阅读一些沟通类书籍，比如《非暴力沟通》，书中告诉我们以何种方式沟通，才会达到自己的目的又不会招致对方情绪上的反感，这种沟通方式对我的工作和生活都带来了很大的帮助。

　　这里只是举例，具体大家可以结合自己的经历去谈谈通过做哪些事情来提高自己的沟通能力。

▶ 5.10　产品运营

▷ 5.10.1　面试题：App 初期如何实现用户增长

1. 内容引流：自媒体和社群

自媒体：

（1）官方媒体矩阵：服务号、订阅号、微博、博客等。

（2）新闻自媒体矩阵：虎嗅、百家、搜狐、今日头条等。

（3）优化 SEO：百度、知道、贴吧等，优化关键词、提高引流非常适合冷启动，可精耕细作。

（4）公司内部：官方网站与 App 广告位、短信通道、站内信等。

（5）视频类渠道：抖音、快手。

社群：

（1）微信群、QQ 群等官方群矩阵。

（2）垂直社群：垂直社群用户质量往往极高，对营销打击大，较好的方式是找 KOL 进行植入营销。

（3）综合聚集地：知乎、豆瓣、天涯等。

2. 口碑推广

（1）粉丝渠道：移动互联网时代，人人都是口碑媒介，可进行粉丝推广。

（2）事件营销：事件营销的焦点是要策划的活动事件，引起媒体关注并报道，加上一些软文推波助澜，口碑传播效应非常见效。

（3）名人、意见领袖：微信大号与微博大号，用户转化率比较高。

3. 活动增长

（1）基于用户的利益进行刺激：①新人福利：用户注册时，赠送一些红包、优惠券、积分、礼品等，刺激用户注册转化；②老带新邀请：老用户邀请好友，收到红包等。

（2）有趣：引起用户兴趣和情感共鸣，激发用户自传播。

4. 付费渠道

（1）线上广告：搜索渠道（百度竞价）、联盟广告（百度网盟）、导航广告、平台广告（广点通、今日头条）等。

（2）App 广告：应用市场（百度、华为、应用宝等安卓市场）、预装广告（手机厂商）等。

（3）社会化广告：微信大号、微博大号、社群等。

（4）户外广告：分众广告、地铁广告、公交广告等。

▷ 5.10.2　面试题：介绍一下用户不同生命周期的运营策略

用户生命周期包括引入期、成长期、成熟期、衰退期、流失期。

1. 引入期

验证产品是否满足市场需求，如果满足市场需求，就将潜在的用户转化为自家产品的用户，主要任务为拉新，即用户注册量和下载量。

引入期策略：

（1）精准定位用户和发掘获客渠道，判断一个渠道好坏看是否有同量级平台在重复投放。

（2）简化落地页注册下载流程，给用户注册下载的理由，所有注册流程在一个页面完成，通过利益驱动，引导用户注册。

（3）设置新手任务、新手大礼包、优惠券等运营手段。

2. 成长期

用户完成首次转化算为成长期，主要任务是活跃和转化，促进用户对平台形成习惯和依赖。

成长期策略：

（1）搭建平台活动、内容、用户体系。

（2）持续情感维系，通过内容持续情感沟通。

（3）激励用户活跃，通过利益、荣誉、情感、安全，提升用户离开平台的物质成本和心理成本。

（4）反向指导拉新策略（根据数据调整拉新的渠道）。

3. 成熟期

用户是否购买了平台全品类产品，同时也邀请好友来购买，主要任务是活跃、转化和制造留存。

成熟期策略：

（1）满足多样化的用户需求场景。

（2）搭建完善的推送渠道，健全短信、邮件、站内信等推送渠道。

（3）制造持续性平台话题。

（4）鼓励用户传播。

4. 衰退期

主要任务是提高留存率、活跃率。需要通过各种利益刺激、产品服务、产品配置等挽回用户，并做好用户流失预警。

衰退期策略：

（1）建立用户流失模型。

（2）及时唤醒用户，通过活动通知、生日送券等方式提醒用户，唤回用户使用欲望。

5. 流失期

主要任务是提高留存率，老用户召回。

流失期策略：

（1）做好流失用户分类和流失分析。

（2）重新定位，通过利益刺激、活动通知、生日送券等方式提醒用户，唤回用户使用欲望。

▷ 5.10.3　面试题：用户留存低、活跃差怎么办

（1）提升产品价值和增强服务力度。

（2）增强用户成长体系引导，体验产品价值，形成习惯。

（3）增加活跃氛围的新功能，比如话题讨论、活动专栏。

（4）确认用户是否匹配，调整产品推广策略，引进匹配用户。

▷ 5.10.4　面试题：如何实现精细化运营

实现用户精细化运营可采用 RFM 模型，将用户分为以下几类，针对不同分层采用不同运营策略。

（1）重要价值客户：最近消费时间近，消费频次和消费金额都很高。

运营策略：配套各种专属服务及优先体验。

（2）重要保持客户：最近消费时间远，但消费频次和消费金额都很高。

运营策略：加强联系，消息推送，电话访问。

（3）重要发展客户：最近消费时间较近，消费频次不高，但消费金额高。

运营策略：该类用户忠诚度不高，需要推送一系列优惠活动、精选活动，加强与用户直接联系。

（4）重要挽留客户：最近消费时间远，消费频次不高，但消费金额高。

运营策略：可能是要流失的用户，应当采取挽留措施，需要加强联系（消息短信推送，推出有力的新活动）。

▷ 5.10.5 面试题：如何设计会员卡

会员卡的核心目的是让用户形成在平台的消费黏性。我认为会员卡的设计要注意以下 3 点：

（1）权益的信息化传达：要直观明了地说清楚用户能获得的权益，且这些权益是用户所关心的。

（2）需要有场景触发：比如饿了么的会员卡，会以用户当前订单结算的场景切入，直接告诉用户开通会员卡这笔订单能优惠多少金额，而且还会额外获得 4 个红包，且开通成本非常低。让权益在用户的当前场景立即被感知。

（3）转化路径要清晰，并且用户的替换成本低。

▶ 5.11 B 端产品

▷ 5.11.1 面试题：C 端产品和 B 端产品有什么区别

1. 侧重点不同

C 端产品更注重人性。C 端产品的用户是千千万万大众，你需要对人性有非常深刻的洞察。

B 端产品更注重业务。B 端产品的使用者不是一个人，而是一个岗位。比如客服管理系统，虽然是某个具体的人在用，但是他们都有一个具体的标签，那就是客服，他们需要通过系统更好地完成自己的工作。他们的核心诉求是更好、更快地完成任务，体验稍微不好点，也能接受。所以这个时候了解他们的业务就比较重要。

2. 用户体验要求不同

C 端产品需要在市场上和竞品做竞争，用户体验很重要，对不好的用户体验，用户几乎零容忍。

B 端产品如果是卖给 B 端企业还好，毕竟有竞争对手，还会照顾用户体验。如果是给自己公司的运营人员做系统，有的时候体验做得不好，也不会太影响使用。

3. 用户不同

C 端产品的用户是大众中的某个细分人群。

B 端产品的用户是政府、企业的工作人员。

4. 入门难易度不同

对于想做互联网产品经理的新手来说，C 端的产品经理更好入门一些。因为在产品同质化比较严重的年代，你可以轻易地找到竞品进行借鉴。

而对于 B 端产品来说，你很难在市场上找到竞品，如果你找供应商，也只能找到对方的介绍手册，对方很少把自己的产品给你试用，尤其在你技术研发团队很多的时候。

5. 产品考核指标不同

C 端产品可以有具体的量化指标，比如日活、月活、付费用户比率、ARPU 值等。

B 端产品一般作为业务支持，很难像 C 端产品那样量化。如果你的 B 端产品是运营后台这种，那前端产品良好的数据表现也有后端产品的一份功劳。如果你的 B 端产品是卖给企业的，那就看市场表现情况、用户投诉情况和续费情况等。如果上述数据表现良好，说明做得还不错。

6. 思维方式不同

C 端产品的重点就是流量获取，所以必须快速迭代，跑马圈地。

B 端是以"服务＋效率"为核心，拿下大客户才重要。当然如果 B 端产品是给自己本公司运营人员使用的，也需要快速迭代，但依然是以提高运营人员的工作效率为核心。

7. 商业模式不一样

C 端产品边际成本比较低，10 万人用和 100 万人用，后者只不过是需要增加点服务器支持，成本增加很低。

B 端产品的客户有个性化的需求，需要你花费大量的精力，产品的本质是服务，所以收费都比较高。

8. 开发流程不一样

C 端产品的开发流程是市场调研、设计功能清单、设计产品架构、原型设计、评审、开发、测试、上线、数据收集分析、迭代。

B 端产品的开发流程是找客户、了解客户需求、和客户进行需求探讨和引导、签订协议、开发、控制进度、项目收尾，客户验证没问题后给你打款。

9. 需求来源不一样

C 端产品需求来源于市场用户、竞品分析等。

B 端产品需求主要来源于客户。用户和客户是有区别的，用户是使用你产品的人，客户是为你产品付费的人。B 端产品需要了解用户工作中遇到的痛点，然后针对性地解决。

▷ 5.11.2　面试题：你对 SaaS 行业怎么看

1. SaaS 的概述

SaaS 的英文全称是 Software as a Service，意思是软件即服务，是云计算的一种服务模式。SaaS 通过 Internet 提供集中托管应用程序，企业用户一般通过客户端或网页来使用，无须购买、安装或维护任何软件及硬件，因此 SaaS 应用程序又被称为"基于 Web 的软件"或"托管软件"。

为了更好地理解 SaaS 的概念，我们用租房来举例说明：假如我想租一个单间，要求设施完善，租期为半年。托管公司手里有一套房源符合我的需求：公寓楼里的一个单间、精装修、家具电器齐全、水电气网物业全包，月租金 3000 元。如果想要升级为豪华装修单间，那就在基础租金上加收 1000 元，即每月租金 4000 元，这就叫按需付费。租房就如同购买 SaaS 产品，无须自己盖楼房，也不用花钱装修和添置家具，因为托管公司提供了一整套完善的服务和资源，我要做的就是拿着钥匙安心地拎包入住。

SaaS 提供商会关心必要的修复，例如升级或者运营整个基础架构，并且会进行日常的维护，比如安全补丁和性能优化。就像我按月付费给托管公司，买的不是公寓里单间这个实体物品，而是房间的豪华装修、水电气网和安保系统等有偿服务。

SaaS 用户更多的是负责"内部装修"和运营，包括软件定制化、添加用户和管理安全权限。就像我租了单间，但并没有改造房间结构、打掉承重墙这样的权利。

SaaS 软件的所有权属于软件提供商。软件提供商负责维护系统的正常运行。我花了钱，不代表房子就属于我，而是属于托管公司；托管公司负责公寓电梯、消防等公共设施的日常运转、维修和更新。

2. SaaS 产品的功能特性

从整体上来说，SaaS 系统有以下功能特性：

（1）在统一的地方管理。

（2）托管在远程服务器上。

（3）可通过互联网访问。

（4）用户不负责硬件或软件更新。

3. SaaS 的代表性产品

（1）企业资源计划（ERP）。

ERP 是指建立在信息技术基础上，以系统化的管理思想，为企业决策层及员工提供决策运行手段的管理平台。其主要功能是供应链管理、生产制造管理、库存控制等。主要细分领域是云供应链、进存销。核心用户是生产、销售、采购和财务人员。代表性产品有 SAP、金蝶 ERP、用友等。

（2）客户关系管理（CRM）。

CRM 的主要功能是销售线索的管理与转化、客户关系维护、商机推进、合同审核、回款管理和营销相关服务。主要细分领域是自助建站、外勤管理等。其核心用户是销售和市场人员。代表性产品有百会 CRM、销售易、畅捷通等。

（3）办公自动化（OA）。

OA 系统主要应用于任务管理、日程安排、协同办公、流程审批、财务分析等。其代表性产品有钉钉、Teambition、明道等。

（4）人力资源管理（HRM）。

HRM 是指根据企业发展战略的要求，有计划地对人力资源进行合理配置。主要功能是招聘、培训、员工关系、绩效考核、薪酬福利、继任管理等。核心用户是 HR，代表性产品有 51 社保、薪人薪事、北森等。

（5）财务控制（FICO）。

FICO 是企业财务管理的刚需，用于企业财务咨询、核算、报账、预算控制、财务分析等。细分领域有云代记账、费控、差旅报销管理。核心用户是财务人员。代表性产品有云账房、闪电报销、易快报等。

（6）通信 / 即时通信（IM）。

IM 用于办公环境下的即时通信、软电话、邮箱、会议系统、呼叫中心等。主要细分领域为云客服、云视频会议、云呼叫中心。核心用户是全员和客服。代表性产品有网易七鱼、环信、智齿客服等。

（7）网盘 / 企业内容管理（ECM）。

ECM 用于文件的存储、共享、预览、编辑、同步以及写作功能。代表性产品有联想企业网盘、亿云方、坚果云等。

（8）商业智能（BI）。

BI 用于数据分析、数据可视化，为企业精细化运营和产品优化提供参考。其核心用户是运营和数据分析人员。代表性产品有网易有数、FineBI、DataHunter 等。

4. SaaS 的行业概述

目前 SaaS 可根据所服务客户的领域划分为两类：一是通用型 SaaS，不区分客户所在行业并为其提供通用服务，例如 CRM、HRM、OA、ERP 和云存储等；二是行业垂直型 SaaS，多为垂直领域中的传统软件商或行业解决方案服务商并行提供 SaaS 服务，例如金融、教育、医疗、电商和物流。

5. SaaS 的发展概述

（1）云计算技术的成熟推动了 SaaS 服务的快速发展。

云计算市场中，SaaS 服务占比约为 58%。云计算的不断成熟和产业链的逐渐壮大推动了 SaaS 服务的快速发展。

（2）中小型企业发展迅猛，迎来数字化管理变革。

随着我国经济增长速度持续放缓，劳动力成本在不断攀升，企业急需提高管理效率并控制管理成本。于是依托于云计算和互联网的 SaaS 服务的出现，帮助企业实现了降低企业运营成本、提高运营效率的目标。

（3）企业信息化与网络化程度不断提高，IT 产品走向消费化。

目前我国国有企业和政府单位的企业信息化程度较低，随着互联网的进一步普及，企业的信息化和网络化不断加深，企业的思维方式也慢慢随之变化。随着互联网产品的消费化，SaaS 产品将逐渐在大众之间传播与普及。

用售卖软件服务来帮助企业解决实际问题，未来企业对此类 SaaS 服务的需求将不断扩大，SaaS 服务的市场还有巨大的发展空间。

6. SaaS 的发展建议

在今天要想做好 SaaS 服务，从内部来说，首先要多多学习成功产品的优缺点；其次，仅仅模仿是不够的，还要拥有创新精神；最后，找到合适的用户和自身的竞争力，切入细分领域，做定制化服务产品。从外部来说，创投机构要适时进行相关投资，并制定合理的盈利预期。在选择投资对象时，要对其互联网化能力和开放性等维度进行考量。

▷ **5.11.3　面试题：说说你理解的中台**

1. 我理解的中台

为了解决企业响应力困境，中台可以弥补创新驱动快速变化的前台和稳定可靠驱动变化周期相对较慢的后台之间的矛盾，提供一个中间层来适配前台与后台的配速问题、沉淀能力，打通并连接前台需求与后台资源，帮助企业不断提升用户响应力，更好地服务前台规模化创新，进而更好地服务用户，使企业真正做到自身能力和用户需求的持续对接，从而大大提升企业运营效率和降低运营成本。

2. 中台在做什么

将臃肿不堪的前台系统中的业务能力"沉降"到中台层，恢复前台的响应力；将后台系统中需要频繁变化或是需要被前台直接使用的业务能力"提取"到中台层，赋予这些业务能力更强的灵活度和更低的变更成本。

3. 中台解决的问题

（1）"重复造轮子"。

由于没有专门的团队负责规划和开发，大量的系统重复开发、重复建设，导致复用性低、效率低、产研资源浪费、用户体验不统一。

（2）"烟囱式架构"。

早期业务发展过程中，为了解决一些当下的业务问题，垂直的、个性化的业务逻辑与基础系统耦合太深，由于没有平台性质的规划，横向系统之间、上下游系统之间的交叉逻辑也非常多，导致在新业务、新市场的拓展过程中，系统没法直接复用，甚至没法快速迭代。

4. 中台怎么做

将一些长期有价值的功能专门模块化，进行开发和优化，确保即使业务规模进一步扩大，也能够满足业务需求。

5. 中台产品经理怎么做

（1）把握共性需求。

思考这个功能在现在或者将来能满足多少业务场景。如果将来有新的业务出现，是不是能够复用。或者说，需要做多大的调整才可以复用。

（2）沟通协调。

需要响应多个业务部门的需求。同样一个需求，A 部门流程和 B 部门流程完全不同，或者流程是相似的，但到具体细节的时候，却有很大差异。这个时候，就要求中台产品经理有很强的沟通、协调能力。

▷ 5.11.4　面试题：什么是 CRM ？有哪些种类的 CRM ？ CRM 的价值是什么

1. 什么是 CRM

CRM 指客户关系管理（Customer Relationship Management），旨在借助信息技术及互联网技术协调企业与顾客间的交互关系，吸引新客户、保留老客户并提高客户黏性。CRM 的本质是连接企业内部业务及外部的终端客户、经销商、服务商及设备，打通内外部信息壁垒，实现业务的全面化管理。

此外，CRM 以数据收集、存储、分析等功能驱动营销、销售和客服三大板块，支撑客户全生命周期管理，为客户打通完整的价值链条，并通过 PC、移动等端口实现系统接入及与客户的双向互动，赋能企业数字化运营，助力产业互联时代下业绩的规模化增长。CRM 基础架构如下图所示。

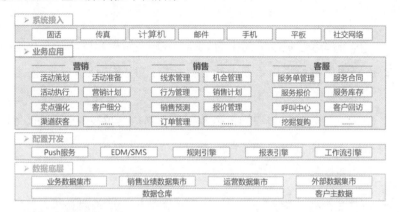

2. CRM 场景边界

CRM 的核心客体是位于供应链需求部分的客户，包含分销商、零售商及终端客户。服务边界除转化外，还包含客户沉淀、维系及与之伴生的报价、合同订单、回款、复购等与客户需求、客户交互直接相关的场景。部门边界为营销、销售及客服。一言以蔽之，CRM 的场景边界是以销售管理为核心的售前—售中—售后闭环。典型供应链及 CRM 场景边界如下图所示。

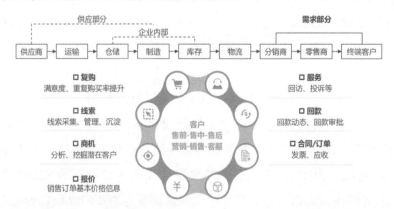

3. CRM 分类

（1）按照部署方式，CRM 可以分为传统部署型、SaaS 型及 PaaS 型。

传统部署型是最早诞生的 CRM 形态，为买断型，但企业需购买物理服务器或租用云服务器等自行搭建 IT 基础架构，因此前期投入成本占比较大。

SaaS 型则属于租用型，企业无须自备服务器，只须按期订阅，因此交付周期较短，部署门槛较低，但在数据安全和灵活性方面欠佳。

PaaS 型同样属于租用型，在集成度和扩展性方面更胜一筹。

综合来看，在 CRM 软件供应商品牌稳定，企业业务方向明确情况下，使用年限越久，传统部署型 CRM 的价值越高。

（2）按照业务模式，CRM 可分为 B2B 型和 B2C 型。

B2B 型 CRM 的客户主体为企业，客户数据量较少，支持复杂且长周期的销售阶段管理，支持定制开发和与其他企业级办公软件整合及对接。B2B 型 CRM 允许多端口接入，打通市场部、销售部、客服部等部门之间及对接人、决策人之间的信息壁垒。

B2C 型 CRM 则连接个体消费者与企业各部门对接人，须存储、处理大量数据流，其核心功能为吸引潜在客户、增强客户黏性。

（3）按照业务的匹配深度，CRM 可以分为通用型和垂直型。

我国中小企业数量庞大，且行业覆盖面广，一款通用型的 CRM 产品能尽可能多地覆盖大多数企业加强营销、销售、服务管理的需求，因此早期大部分 CRM 供应商纷纷选择泛场景通用型 CRM 作为入局方向。而另一些供应商则将垂直型 CRM 视为树立自身核心优势并大施拳脚的竞争赛道。

对买方而言，相比于垂直型 CRM，通用型 CRM 行业属性较弱，客单价较低，对适应业务方向调整的灵活性较高。

对卖方而言，在通用型 CRM 赛道被各大平台型厂商占领之际，选择垂直型 CRM 的确是另辟蹊径，但垂直型 CRM 需要结合对特定行业业务的理解和认知，在开发难度上较高，且与特定领域捆绑的属性使其经营风险与行业动态挂钩，所承担的风险较大。

通用型 CRM 与垂直型 CRM 对比如下图所示。

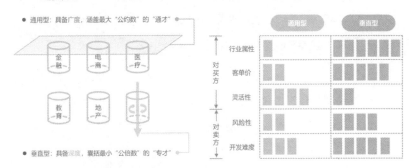

4. CRM 价值

（1）增加收入。

CRM 的一大价值为增加收入：通过赋能售前服务专业化、精细化，售后服务及时、主动、周到、家庭化，提高客户转化率，缩短销售周期，增强用户黏性，延长客户生命周期。

（2）降低成本。

CRM 的另一价值是降低业务运行成本：通过数据挖掘技术，使企业能够及时并准确地捕捉市场信息，发现客户的潜在需求，将客户的喜好作为产品生产销售的指向标，从而避免产品销路偏差带来的仓库成本、人才成本等方面的损失，并且大大降低在销售和营销环节的低效、无效支出；通过流程化管理及信息互联互通，削减内部管理成本。

▷ 5.11.5　面试题：B 端产品的价值是什么

B 端产品的核心价值是帮助企业解决某类经营管理问题。而作为服务于某条业务线或某个业务单元的 B 端产品，常常在以下方面对业务产生价值：提高收入、降低成本、提升效率、保证品质、控制风险。其中，前三者是业务部门运营管理的核心优化方向，而风控属于相对独特的一类业务监管需求。